DE LA MONARCHIE
DE
NAPOLÉON.

AVERTISSEMENT.

Une préface paraîtrait au moins inutile à la tête d'un Ouvrage qui n'est lui-même qu'une préface; mais je dois expliquer quelle est la nature et l'objet de celle-ci.

Ce sont d'abord des considérations, ou si l'on veut, des études sur le caractère et le génie de Bonaparte; c'est ensuite un essai de traduction, si j'ose dire, des opérations de ce génie et des mouvemens de ce caractère, développés l'un par l'autre, et expliqués par des actions. De ces actions, il y en a un petit nombre de privées : on les a curieusement examinées ; un plus grand nombre de publiques : après les avoir retracées avec quelques détails, on a entrepris de les apprécier. De cette manière, quoique l'homme apparaisse d'abord isolé, autour de lui se grouppent bientôt les événemens qui l'escortent : et c'est ainsi que, sous les yeux de l'observateur, passent successivement le généralat, le consulat et l'empire. Si l'exécution ne démentait pas ce plan conforme à la fois à la marche des idées et à l'enchaînement des faits, on connaîtrait parfaitement dans l'homme, d'abord analysé, le conquérant, le législateur, le politique, commentateurs, pour ainsi-dire, de cette analyse.

On s'occupe, depuis long-temps, de ce grand travail, auquel se rattache l'histoire d'un quart de siècle : ceci en est à peine l'ébauche ; et cette qualification doit surtout s'appliquer à l'une des parties de ce livre, celle qui concerne l'empire établi. Quant à la partie qui recherche dans le caractère de Bonaparte, les motifs d'une telle institution, on la croit moins indigne des regards du public, et c'est pour elle surtout qu'on se décide à lui soumettre ce qui l'est moins. Encouragé par son assentiment, et surtout éclairé par sa censure, l'auteur continuera à se développer sur ce texte fécond : peut-être ainsi parviendra-t-il à faire de son ouvrage une véritable *Introduction philosophique à l'Histoire de l'Empire français*. Ce fut au moins le but qu'il se proposa, en prenant la plume.

A l'appui de ces esquisses, il présente des documens d'une grande importance, sous le titre général d'*Organisation de l'Empire* ; c'est d'abord l'analyse exacte des Constitutions arrangées dans leur ordre systématique ; ensuite le matériel même de cette organisation appliquée au territoire, à la population, à l'exercice des pouvoirs, à la force armée de l'intérieur et à celle qui peut être portée au-dehors, aux relations diplomatiques, et aux lois exceptionnelles. Par un extrait raisonné, quoique succinct, de la situation de l'Empire dans la dernière année de son existence, on obtiendra de cette situation une idée exacte, et qui confirme par des faits les raisonnemens du philosophe. Enfin, une pièce d'un intérêt puissant, attribuée à Napoléon, et inédite, termine ces documens.

Ils sont suivis d'*Ephémérides biographiques, consulaires et impériales* : c'est la nomenclature chronologique, jour par jour, de tous les événemens comme de tous les actes, dont Bonaparte, général et consul, dont Napoléon empereur, a été l'auteur, la cause, l'occasion et l'objet.

Pour imprimer à cet ouvrage, avec l'unité de sujet qu'il embrasse, toute la régularité de travail qu'il peut comporter, il attend la main du temps, les conseils de la critique, l'assiduité de son auteur. Pourquoi donc celui-ci, avec la conscience qu'il a de ses imperfections, le livre-t-il à ce grand jour de l'impression auquel les défauts ne peuvent se soustraire, et qui quelquefois même fait évanouir ce que la présomption du cabinet réputait des beautés? Pourquoi ? c'est qu'avant les délicatesses de la vanité littéraire, il a une conscience politique que *sa situation actuelle*, lui ordonne de montrer toute entière. Et quoique depuis vingt ans qu'il écrit, cette conscience, nourrie d'immuables principes, n'ait pas varié et n'ait pu varier, peut-être se devait-il d'en faire aujourd'hui une profession plus solennelle. Cette espèce d'acte de foi, répandu dans un certain nombre d'ouvrages précédens, se retrouve plus expressément tracé dans toutes les pages de celui-ci. On y reconnaîtra l'amour de la liberté tempéré par le besoin de l'ordre ; l'horreur du despotisme, mais encore plus peut-être l'horreur de l'anarchie ; la volonté de conserver, par un gouvernement constitutionnel, tel que l'a établi la Charte des Bourbons, les garanties que la révolution nous a values, comme pour nous dédommager de ses excès ; le désir de prévenir, par la consolidation de ce qui est, toute espèce de retour, tout genre de réaction : en deux mots, l'indépendance extérieure de la nation et ses libertés domestiques, sans lesquelles il n'y a, pour le trône, ni sécurité, ni dignité, ni honneur.

DE LA MONARCHIE
DE
NAPOLÉON.

LIVRE PREMIER.

CARACTÈRE DE NAPOLÉON BONAPARTE EXPLIQUÉ PAR LES PREMIÈRES ACTIONS DE SA VIE.

CHAPITRE PREMIER.

Motifs de l'auteur et objet de l'ouvrage : peindre le caractère de Napoléon Bonaparte, et le tracer, moins d'après l'idée morale qu'on s'en forme, que d'après ses actions ; ce qui partage ce travail en quatre points de vue distincts et principaux :

1°. La force morale de Napoléon.

2°. L'énergie politique de sa puissance ;

3°. Leur grandeur simultannée, leur action réciproque, leur décadence commune ;

4°. Leur influence sur le siècle actuel et sur la postérité.

Après vingt années de victoires et quinze d'un gouvernement glorieux et despotique, l'empereur Napoléon a cessé de vaincre ; c'est-à-dire qu'il a cessé de régner et de vivre. Deux révolutions ont paru nécessaires pour le chasser du trône que la conquête lui avait élevé en Italie, comme de celui qu'une reconnaissance intempestive lui avait voté parmi nous. Deux envahissemens ont à peine suffi pour renverser ces trônes mêmes, et pour accoutumer au silence de la défaite des nations qu'il avait accoutumées à l'enivrement de la gloire. Heureuse du moins la France, si, pour prix d'une résignation héroïque, elle obtient l'indépendance et la liberté!

D'où vient que cet homme, qui n'a vécu qu'un quart de siècle, a laissé des traces que les siècles n'effaceront point? C'est que, durant ce court espace, devenu par lui l'époque la plus décisive de la civilisation, il a été le mobile ou l'objet de tous les mouvemens. A son apparition, un sentiment secret a saisi le monde : les faibles crurent reconnaître en lui un protecteur, les forts y cherchèrent un complice ; mais la nature, la nécessité, la raison peut-être en avaient fait leur maître. Je dis la raison et j'entends par elle cette justice souveraine qui régit l'univers: en effet, quand l'univers morcelé est la proie de cent tyrans, quel contrepoids lui doit la Providence? un despote, plus tyran qu'eux.

Lorsque ce nom, que bientôt l'équateur devait renvoyer au pôle, fut prononcé pour la première fois, quelle était la situation de la sphère politique? Noyée de sang, brisée par les efforts de ses régénérateurs mêmes, elle ne roulait plus qu'avec peine sur son axe faussé : à la force qui la redressa, on reconnut le génie. Le génie est puissant de sa nature, et la puissance est le gage de la bonté : on dut invoquer celui-ci.

Mais la nature du génie est aussi d'être excessif et intermittent : alors, que d'écarts, que de petitesses, que d'absurdités! L'aigle, qui s'endort au haut du ciel, tombe; et sa chûte, qui le réveille sans le tuer, peut écraser celui qui admirait son vol. J'ai dit l'histoire de Napoléon.

Je n'entreprends ni de raconter sa vie, ni d'écrire les annales de son règne: l'histoire contemporaine, tracée par un honnête homme, peut être juste ; elle n'est jamais exacte, ni fidèle. Toutefois, pourquoi nommer contemporains des récits dont le 18 brumaire est l'origine, et dont le 20 mars doit être le terme? Entre ces deux dates, un homme entasse les événemens de plusieurs siècles ; et depuis la dernière, entre elle et l'historien, il s'est ouvert un abyme.

Quel est donc mon objet? de peindre un caractère. J'ai tort de dire que je tente de le peindre : quelquefois l'histoire peut employer le pinceau ; le moraliste politique, s'il veut démêler la vérité, doit se servir du scalpel. Ce n'est point assez peut-être : pour l'obtenir complète et sans mélange, il faut qu'il se livre à l'analyse et consulte les dissolvans. C'est supposer que le sujet sur lequel il s'exerce est mort.

Il a donc vécu, je le répète, ce Napoléon, que la reconnaissance aurait voulu nommer *Bon*, que l'adulation ne put appeler que *Grand*, et qui exista assez pour démentir l'enthousiasme : il a vécu, et rivé par la perfidie sur un roc, il y expie le crime d'avoir manqué un dernier succès.

Entré dans la postérité, vivant dans l'histoire, il lui reste d'être jugé par la philosophie. Mais pour porter son arrêt, elle a besoin d'apprécier son ouvrage. Cet ouvrage fut l'empire : conception plus vaste que forte, qui remplit la France d'étonnement et l'Europe d'épouvante ; mais qui, en allarmant l'une par le luxe de ses développemens, aurait dû, par ces développemens mêmes, rassurer l'autre, puisque l'impulsion du centre aux extrémités était en sens inverse de leur étendue.

Tant que subsista l'empire, il parut impérissable, parce que le bras qui le moulait semblait immortel ; lorsque l'Europe, réagissant sur ce bras de fer l'eût brisé, car il ne ploya pas, l'empire fléchit de toutes parts, et l'on s'étonna qu'il se fut maintenu si long-temps. Mais il fléchit et ne tomba point : ses parties hétérogènes se détachèrent d'elles-mêmes, abandonnées par la force d'emprunt qui, sans les lier, les avait rapprochées. Réduit à ses élémens naturels, il sembla revivre d'une nouvelle vie. Le préjugé l'appelle aujourd'hui royaume ; toutefois, comme les noms ne créent pas plus les natures, que les titres n'altèrent les qualités, il ne sera pas impossible de retrouver dans les institutions qui nous régissent des traces impériales, lesquelles examinées de près, pourraient bien remonter jusqu'à la république. En tirera-t-on la conséquence, que sous un roi, de dynastie ancienne et absolue, avec une Charte monarchique et octroyée, nous avons le gouvernement républicain ? Ce n'est point ici le lieu d'élever ce débat, que la force des choses résoudra chemin faisant. Telle opinion paraît hasardée aujourd'hui, qui demain circule avec le sang et se respire avec l'air.

On entrevoit maintenant mon dessein. J'ai étudié Napoléon, je crois le savoir : mon objet est de le produire tel que je le conçois. Mais j'ai dit ne concevoir l'ouvrier qu'avec l'œuvre : tandis que l'un va marcher, l'autre se développera simultanément. Ainsi la sphère soyeuse d'une chenille est à la fois sa vie, son labeur et son tombeau. Dans le caractère de l'homme, comme dans un moule prototype, on démêlera les linéamens primordiaux d'un système qui n'attendait, pour passer à la palpabilité, que la faveur des occasions. Et encore, qui eût pu faire naître la plupart de ces circonstances, si ce n'est celui qui en avait besoin ? Ainsi s'est accompli ce phénomène moral, bientôt appliqué à la politique, d'une puissance qui s'engendre d'elle-même.

Mais pour se conserver, il n'eût pas fallu qu'elle se communiquât : énergique dans son mobile, elle s'est énervée par l'action; la centralité l'aurait faite immortelle, elle a été tuée en se multipliant. Sa manifestation l'a donc altérée, et l'époque de sa gloire a presqu'été celle de sa chûte. Pourquoi le germe de tant de grandeur ne s'est-il développé qu'en fécondant celui de sa décadence? c'est à quoi nos recherches essayeront aussi de répondre.

L'architecte abattu, l'édifice écroulé, l'un a laissé des traces, l'autre des débris : traces et débris dont quelques institutions rappellent le matériel, mais dont les esprits, quelques cœurs peut-être, gardent un souvenir moins mécanique. Nous tenterons également d'apprécier cette influence, de mesurer l'espace sur lequel elle peut s'étendre, et d'indiquer la borne où elle doit s'arrêter. Et si, au rebours des mouvemens libres, elle trouvait, dans la gêne qu'une politique étroite lui oppose, un ressort et des voies de propagation, nous demanderions à une politique plus large des établissemens qui l'employassent, ou au temps une issue qui la fît écouler.

Si des généralités que nous venons de crayonner le lecteur daigne descendre au matériel même du plan qu'elles renferment, il le trouvera circonscrit par quatre divisions. Dans la première, nous analyserons la force morale de Napoléon; dans celle qui suit, l'énergie politique de sa puissance; dans la troisième, leur grandeur simultanée, leur action réciproque et leur décadence commune; dans la quatrième enfin, l'influence que l'un et l'autre ont exercée sur leur siècle et qu'ils exerceront sur la postérité.

C'est de ces sommités principales que nous allons considérer la Monarchie de Napoléon.

CHAPITRE II.

Du caractère et de la situation. Action réciproque de l'un sur l'autre. Position de Bonaparte entre eux. Contraste de sa condition sociale et des dispositions de son âme. Influence du spectacle de la révolution sur lui. Conséquences possibles et résultats réels. Premiers élans de son naturel et premiers essais de son ambition naissante. Traits caractéristiques de sa première jeunesse et de son éducation. Première ébauche de son portrait.

Qu'est-ce que le caractère ? la métaphysique répond que c'est la forme de l'âme, et le moraliste ajoute que pour être connue, cette forme a besoin de l'épreuve de la vie. La vie est donc l'expérience du caractère. Placez-le dans une position constamment tranquille, son existence n'est qu'une végétation. Une crise décidera l'apogée de son mouvement; mais le comble de ce développement en deviendra soudain le terme.

Il ne faut pas conclure de là, comme on le fait souvent, que rien n'est moins commun qu'un caractère, mais que rien n'est plus rare que l'occasion qui le montre tout entier. Pour obtenir ce phénomène, la révolution d'un empire ne serait pas de trop.

Toutefois, il deviendrait fréquent, si le phénomène social n'éprouvait pas dans le jeu de ses ressorts des embarras presqu'invincibles; et il le deviendra davantage, à mesure que l'expérience, au défaut du génie, aura diminué ces embarras, en simplifiant ces ressorts. L'époque la plus favorable au développement complet des caractères suivra de près celle du développement complet de la science sociale.

Jusques là, quelle est, pour la manifestation des caractères, pour l'emploi de leur énergie, pour l'ascendant de leur influence, quelle est la rencontre la plus efficace? celle d'une révolution. Admettez un caractère positif et une révolution flagrante; qu'arrivera-t-il? de deux choses l'une : ou la révolution s'emparera du caractère, en se l'assimilant; ou le caractère s'appropriera la révolution pour la dominer. Dans le premier cas, vous aurez les Gracques, Mazaniello, de Retz; dans le second, l'aîné des Brutus, Guise et Cromwell : Bonaparte appartient à tous deux.

Ce fut le caractère le mieux trempé des temps modernes; mais son ressort déploya d'autant plus de force, qu'il y joignit beaucoup de souplesse : au physique, comme au moral, il n'y a d'élasticité, c'est-à-dire de véritable puissance, qu'avec ces deux conditions.

Le fonds sur lequel la nature travailla se compose

d'un tissu de nerfs plus irritables que sensibles, et arrosés d'un sang riche en molécules actives, rendues plus ardentes encore par une abondante addition de bile facile à exalter. C'est le tempérament des hommes extraordinaires. Selon les doses qui y dominent, il fait les héros du crime ou les champions de la vertu. La nature prépare, la société dispose, les circonstances font le reste.

1777 — Entre la condition sociale de Bonaparte et la disposition de son âme, il y avait, aux premiers jours de sa vie, contraste et même contradiction. Perdu dans un coin ignoré des rangs obscurs, il ne goûta d'abord de l'existence que ce qu'elle a d'amer. Il sentait fermenter dans lui un levain de grandeur, que la prospérité dilate, mais que l'infortune aigrit et comprime. Cette situation exalte jusqu'au désespoir l'orgueil humilié. Celui de Bonaparte lui disait vainement qu'il portait dans sa poitrine un cœur d'homme; l'indigence, les convenances, les préjugés opposaient aux projets de ce cœur superbe d'invincibles barrières. Que devenir dans une situation si flétrissante? Ramasser, comme en faisceau, toutes ses forces natives; se plonger avec elles dans la solitude et l'isolement; s'y abreuver d'une mélancolie envenimée, dans laquelle on trempe, pour ainsi dire, ses facultés pour le jour des vengeances : car, n'importe comment, il faut punir ceux qui vous ont méconnu. Tel fut Rousseau dédaigné jusqu'à quarante ans. Mais ce philosophe vivait la veille d'une révolution; Bonaparte était né avec elle.

Il la voit d'abord tentée par le peuple, faite pour lui, et n'ayant pour mobile et pour objet que la liberté. Son âme forte et vierge encore s'unit à ce vœu : un jour il le réalisera par ses armes ; aujourd'hui, il le seconde par quelques écrits. Le critique y cherche le talent littéraire ; le politique y surprend les chagrins ambitieux du conspirateur mécontent.

Bonaparte en effet conspirait déjà. L'âme forte et inflexible du premier des Brutus entrait dans son sein. On eût dit qu'avec cette âme républicaine et despotique, il avait revêtu les traits de celui qu'elle inspira. Sur ce front large, s'assied la volonté opiniâtre ; l'impatiente contradiction plisse ces noirs sourcils ; ce teint pâle est celui de l'ambition rêveuse ; et de ces lèvres amincies sont prêts à sortir les arrêts qui la feront triompher.

Cependant le fleuve révolutionnaire, devenu torrent par les résistances, entraînait amis et ennemis. Leur sang teignait ses flots ; où se refugier, pour n'en être pas pollué ? Sous les tentes, où, avec l'héroïsme, se refugie aussi la gloire. Nous allons y retrouver Bonaparte.

Si les premiers linéamens de son caractère en présentent une ébauche exacte, qu'en doit conclure le lecteur ? qu'il ne pliera d'abord devant les difficultés que pour les faire reculer devant lui ; qu'il n'aura l'air de céder aux circonstances que pour s'en emparer ; et que, changeant les obstacles en moyens, et les adversaires en instrumens, il tirera avantage des inconvéniens même, et fera recevoir la loi à qui voulait la lui dicter. Placez ce caractère dans toutes les positions ; vous obtiendrez le même résultat. Partout, centre et mobile d'une sphère rapide, il lui imprimera un mouvement d'autant plus accéléré, qu'il aura rencontré plus de résistance. Toutefois, s'en élève-t-il une insurmontable, le mouvement ne s'arrête pas ; mais le caractère se brise, et la sphère avec lui. Pour un tel homme, l'impossible est un mot sans valeur, et l'égalité n'exista jamais

Poussé dans les camps par les premières bourasques révolutionnaires, Bonaparte, avec le sombre recueillement de son humeur, y apporte la supériorité de son génie, et l'influence de ses acquisitions. Ces dernières sont peu nombreuses, mais fixes ; tandis que le premier rayonne, si j'ose dire, de transcendance et de perspicacité. Nul, mieux que lui, ne voit vite, profondément et beaucoup ; nul comme lui, ne sait emprunter au passé une bride pour le présent, des chaînes pour l'avenir. Dans une mémoire riche et tenace, il puise la prescience ; dans une imagination ossianique, il prophétise l'idéal. Mais bientôt, rappelé au réel, par une faculté plus exigeante, il redescend avec sa judiciaire exquise, dans le monde positif. Et là, lorsque sa pénétration en devine les événemens, et que son ambition impubère les arrange, on dirait encore qu'il imagine.

Quelle place, cependant, tiendront les sentimens, dans une âme où s'allume la plus redoutable des passions? La même que les sensations occupent dans son organisation physique; la même, c'est-à-dire la plus petite et la moins influente. Celui qui bravera le soleil vertical de la Syrie et les soufles hyperboréens; celui que les superfluités du luxe ne séduiront pas, et qui ne fut point découragé par l'indigence; celui qui rit de la fatigue, dompte le sommeil et insulte à la faim; celui-là pourrait bien ignorer la pitié et défier l'amour. La pitié, pour ce cœur âpre, s'appellera faiblesse, et l'amour, lâcheté. Que le plaisir fasse briller à ses yeux son flambeau, il n'en jaillit pour lui qu'une étincelle sans volupté. La volupté, qui amollit l'âme, la dispose à la tendresse, peut-être même à l'humanité: de si douces émotions sont-elles compatibles avec cette fièvre sèche qui travaille l'ambitieux?

Il aimera pourtant un jour, cet homme rude qui repousse l'affection; il est trop irritable pour n'être pas sensible. Il aimera; mais malheur aux têtes qu'il chargera du joug de son amour! En échange du bonheur qu'il en recevra, que de peine il leur préparera! C'est à genoux, s'il le faut, qu'il leur imposera la loi ; et l'excès de ses tendresses ne sera encore que l'excès de son ambition.

Ainsi se présente, dans toutes ses phases, cette ambition que les événemens nourissent, et qui les reproduit. Parcourons les principaux, examinons les décisifs : dans leur centre, nous trouverons Bonaparte qui en prend la direction, et qui s'en adjuge le profit.

CHAPITRE III.

Dans les premiers pas de sa carrière, l'ambition de Bonaparte est subordonnée à son caractère et celui-ci aux circonstances. Bonaparte au milieu de ses condisciples. Ascendant qu'obtient sur eux la supériorité de ses talens et la hauteur de son âme. Dès son début public à Toulon, il en donne des preuves incontestables. Poursuivi par une réaction injuste, il est oublié.

Je vais étonner plus d'un lecteur. La plupart de ceux qui ont vu Bonaparte l'ont moins observé, au commencement de sa carrière, qu'ils ne l'ont contemplé vers la fin. Pour démêler en lui les deux natures qui s'y sont montrées successivement, c'est de l'origine qu'il faut le prendre, parce que c'est dans le berceau même que poind le caractère; la passion ne vient qu'après. Or, à l'époque que nous signalons, la passion, comme nous l'avons dit, n'avait pu atteindre encore la puberté; mais déjà le caractère était viril. Je pourrais ajouter même que, dans Bonaparte, il n'eut guères d'enfance, et que, dans certains hommes, dirai-je privilégiés, il n'a pas de jeunesse.

Il en eut pourtant dans celui-ci; et c'est en cela que je causerai quelque surprise à ceux qui l'étudient avec moi : ce qu'ils ont pris jusqu'alors pour la fermentation de l'ambition, n'était et ne pouvait être que l'élan du caractère.

Il y a une remarque qui explique le Bonaparte de ce temps-là : le *Fait* était tout pour lui. Cette doctrine, qu'il n'a peut-être abjurée qu'au jour du dernier et irréparable revers, si elle ne s'appuie sur la force, croule au seul aspect du *Droit*. A la première vue, on la croirait exclusivement celle des forts; en la considérant dans ses effets, on trouve qu'elle doit plaire aux faibles davantage : ne les débarrasse-t-elle pas des soucis de l'action, pour les abandonner à la passiveté? De là, l'explication de cette obéissance universelle et complète, sans regrets, sans retour, comme sans honte, par laquelle tout marchait à la fois, hommes et choses, sujets, empires et rois, tout marchait, mais ne pliait pas, sous Bonaparte. Dans cette allure, on lui fut soumis comme à la Nécessité.

Lui-même, dès son son premier pas, au sortir de sa studieuse et mélancolique adolescence, lui-même, sentant se dilater en lui ce ressort d'un caractère indomptable, prit confiance dans cette sensation, qu'il finit par ériger tout à la fois en système politique et en doctrine religieuse. Pour celui qui voit l'univers moral révélé dans le Fait, la Nécessité devait être la règle, l'explication et même la justification de tout. La justice n'est à ses yeux que la force ; et qui peut tout, doit tout oser et n'a jamais tort. Le décisif est de tout pouvoir. Le faible aussi peut le souhaiter ; mais le désirer avec cet âpre entêtement qui se change peu-à-peu en immuable volonté, cela n'appartient qu'au puissant de lui-même ; et c'est ce qu'il faut dire de Bonaparte. Étonnez-vous donc qu'après avoir condensé autour de lui toutes les violences politiques, il se les soit identifiées et soit devenu, pour ainsi dire, la révolution incarnée : il croyait ne céder ainsi qu'à la nécessité et y soumettre les têtes qu'il s'était soumises. On donna une idée assez juste de cette situation réciproque de Bonaparte et de la révolution, en disant que, pour changer d'objet, elle avait changé de forme et s'était faite homme. Il faut ajouter que dans cette mutation, ou plutôt cette concentration, la révolution restée la même quant à l'Europe, c'est-à-dire hostile et destructive, prit à l'égard de la France, un visage pacifique et des instrumens réparateurs ; et ce double rôle, joué par l'homme qu'elle s'était substitué, est un double témoignage de l'épuisement de cette révolution et de la vigueur de son mandataire. Tout cela s'expliquera successivement. Voyons maintenant le géant croître et grandir.

1784. — Si de l'école de Brienne, où il n'est qu'un germe, nous le suivons, même en courant, dans ses premiers essors, il nous sera facile de pressentir le secret de sa force et son penchant à l'exercer. Nous avons déjà remarqué que ne pouvant rompre l'égalité scholaire, il s'y soustrait par l'isolement. Aux reproches, aux railleries, aux attaques mêmes de ceux qu'il ne veut pas nommer ses camarades, il oppose un fier dédain, une morosité solitaire, la plus imperturbable taciturnité. Qu'irrités de tant d'orgueil, ils dirigent contre lui des aggressions méditées, vous le verrez y répondre et les défier par une défense savante, où se manifestent à la fois les premières applications des études et l'intrépidité du caractère. Sous cette double puissance, cette jeunesse hostile plie, et de turbulente qu'elle s'était montrée dans l'attaque, elle devient presque soumise dans la retraite. Étonnée d'un retour si peu prévu, elle applaudit à la victoire obtenue sur elle, et son admiration proclame un chef dans celui qu'elle eût voulu pour esclave. Un Corse, répétait-on avant les hostilités, un Corse est né pour l'être; et en soumettant celui-ci à des Français, nous ne faisons qu'accomplir la prophétie de l'orateur romain qui, dans ses ancêtres déshonorés a flétri cet insulaire. Un Corse, se dit-on moins haut après l'action, peut être homme de cœur et de talent; et quand Cicéron lançait son amer sarcasme, il n'avait pas connu le pupille de Paoli.

De ce moment, Bonaparte, à qui déjà l'on ne refusait pas l'estime due aux talens, obtient cette sorte de déférence qu'on ne refuse point à la supériorité. Cette circonstance, qui révèle la sienne, ne lui acquiert pourtant pas d'amis: assez décisive pour brider les envieux, elle n'a rien qui ne repousse les effusions de la confiance. Un seul est cité, non pour avoir obtenu celle de Bonaparte, mais pour lui avoir abandonné la sienne. Bonaparte en jouissait durement, et payait la tendresse par des sévérités. A cette époque, ses mœurs étaient austères, et il exigeait, dans son compagnon, je ne sais quelle rudesse spartiate si incompatible avec les goûts français. C'est ainsi que cette âme impérieuse préludait à des dominations plus importantes et plus étendues.

1793. — A Toulon, où l'envoie un service subalterne, il en trompe la monotonie, en continuant, en approfondissant ses premières études, et en y joignant celles qui, moins savantes, mais peut-être plus utiles, aident à charmer la vie, que les autres servent à ravager. Bonaparte lit les poëtes et médite les historiens. Mais parmi ces hommes qui ont enregistré des crimes ou chanté des passions, quels sont ceux que choisissent ses goûts sévères? Ce ne sera point vous, moëlleux Xénophon, tendre Virgile, élégant Vertot, Fénélon si aimable. La facile correction de vos récits, la céleste mélodie de vos chants toucheraient peu ce cœur avide d'émotions convulsives. Il lui faut les vigoureuses narrations de Tacite, les cruelles peintures du Dante, les sombres rêveries d'Young et de Milton. Disons tout cependant : s'il se complaît au spectacle des forfaits hardis, celui des vertus héroïques a pour lui des attraits. L'Angleterre déchirée par ses factions, l'Italie bouleversée par ses partis occupent ses veilles méditatives ; mais il n'en écarte ni les vastes tableaux d'Homère, ni le sublime génie de Corneille. Toutefois, les philosophes approchent rarement de son chevet : dans leurs maximes sincères, dans leurs conseils prudens, surtout dans leur doute systématique, ce sont des étreintes qu'ils forgent aux ambitieux, aux despotes, aux conquérans ; et déjà Bonaparte, dans les reproches dont ils gourmandent les Alexandre, les Tamerlan, les Louis XIV, les Charles-Quint, a deviné et repousse les accusations qu'il méritera un jour.

Cependant je ne sais quelle exhubérance surcharge et impatiente sa vie : l'occasion s'offre enfin de l'en soulager. Tout le monde a lu que c'était à une combinaison aussi ingénieuse que hardie de la batterie dominante du port, que la flotte anglaise stationnée devant Toulon devait sa fuite, et la ville elle-même sa délivrance ; mais a-t-on remarqué dans le jeune inconnu qui décida ce double succès, l'heureuse conception, l'exécution rapide et la précision certaine de cette manœuvre ? Elle semblait téméraire aux gens de l'art, comme si le génie ne voyait pas de plus haut et de plus loin que le métier ! Elle fut défendue par un général qui n'est ni sans talent, ni sans bravoure ; mais la conviction du succès acéra encore, pour ainsi dire, le mordant du caractère dans celui qui, après l'avoir proposée, l'exigea. On insiste sur ces détails, parce qu'ils sont ceux d'un début, que ce début fut aussi décisif que brillant, et que dans des signes incontestables de pénétration et de fermeté, ils présentent à la fois les symptômes du génie nourri par la science, et du caractère favorisé par l'occasion. A quoi tiennent néanmoins les destinées de l'homme même le plus extraordinaire ; de celui sur lequel, sans qu'il s'en doutât, reposait aussi les destinées de l'Europe et celles du monde civilisé ! A peine l'occasion a-t-elle poussé Bonaparte hors des rangs, que l'envie, ombre délétère de la gloire, l'envie qui simule toutes les formes, s'attache à lui sous celle de la justice. La terreur, en éteignant ses torches dans le sang même de ses impolitiques et criminels auteurs, venait de les confier à la haîne ; et sous prétexte de venger l'humanité, une réaction irritée demandait la tête des meilleurs citoyens. Celle de Bonaparte ne fut point menacée ; mais dans d'obscurs écrits, mais par un brillant fait d'armes il avait célébré la liberté et servi son pays : après avoir essayé de le flétrir, on le délaissa.

C'est d'un homme abandonné qu'il faut se donner le spectacle. Médiocre, il attendra ; pusillanime, il saura plier : superbe et fort, c'est à lui-même qu'il en appelle pour conjurer la tempête. Retombé dans l'obscurité, assiégé par l'indigence, il demande des ressources à son génie et de la patience à sa fermeté. C'est aujourd'hui surtout qu'il faut repousser la honte par la fierté et l'oubli par la résignation. L'oubli! voilà la plaie vive et brûlante qui s'ulcère dans cette âme créée pour la célébrité. L'oubli! il faut sortir de ses limbes léthargiques, il faut s'en élancer par une de ses résurrections éclatantes qui consternent ceux qui l'y ont précipité.

Bonaparte a conçu un projet, que la raison taxera d'extravagant, que l'enthousiasme même traita de romanesque, et qui ne peut être jugé, puisqu'il demeura projet. Il s'agissait d'offrir à la Turquie opprimée par les Russes une épée qui, plus tard, devint aux Russes si fatale. Dans la délivrance du Bosphore, Bonaparte rêvait, sinon la gloire, au moins la renommée, et bientôt un vaste et solide établissement. Les bourgeois qui menaient alors la France, mirent fin à ces songes, et défendirent au rêveur de se faire couronner roi d'Albanie.

Voyons par quelles réalités il se réveillera de ces illusions.

CHAPITRE IV.

Méditations, rêveries et projets de Bonaparte. Ces illusions se dissipent, lors du mouvement révolutionnaire de vendémiaire. Sa détermination forte et rapide assure le triomphe de la convention nationale : c'était alors celui de la révolution, et conséquemment de la liberté.

---

13 *Vendémiaire an* 3 (1793). — Après trois ans d'une domination sans limites comme sans exemple, la convention terminait sa terrible carrière. La constitution qu'elle présentait à la France comme une borne à la révolution, était appelée par ses ennemis la pierre d'attente des révolutions éventuelles; et déjà ils en avaient signalé les artisans dans le tiers conventionnel prescrit pour noyau à la prochaine représentation nationale. Paris, ce théâtre mobile des opinions les plus contraires, semblait accueillir alors avec complaisance celle d'une défiance factice et d'une prévoyance prématurée. La vérité est, qu'au cœur de cette cité si facile à émouvoir, la faction oligarchique, décorée de la plus auguste couleur, et feignant de s'étayer des plus respectables intérêts, semait les soupçons, fomentait les inquiétudes, irritait les regrets dangereux, ranimait les espérances séditieuses, et

disposait à une réaction sanglante la France épuisée par six ans de convulsions. Voilà ce que la convention dut prévoir et voulait prévenir. Elle n'oubliait point que, faute de précautions si judicieuses, l'assemblée constituante avait vu périr son ouvrage. En matière de constitution, en effet, qu'est-ce que la théorie sans l'application? Qu'est-ce même que l'application sans l'expérience, et surtout sans celle de l'ouvrage par l'ouvrier? Mais la faction déconsidère cette doctrine, en l'accusant d'égoïsme; elle impute à la démagogie, sa rivale, de nouveaux attentats par lesquels, la convention, en perpétuant son existence, prétend faire respecter ses nouveaux pouvoirs par une terreur nouvelle. La peur est timide, et les souvenirs du malheur inspirent la crainte de son retour. Avec de tels auxiliaires, les ennemis de la liberté peuvent tout faire croire et osent tout tenter. La sédition éclate dans trente-quatre sections à la fois : on invoque la république de toutes parts; et cependant on ne court aux armes l'un contre l'autre que de deux côtés.

Le 13 vendémiaire est connu et apprécié. Cette journée commença par le ridicule et aurait probablement fini par l'atrocité, si l'apparition d'un homme que l'un ne pouvait atteindre, que l'autre n'avait point encore égaré, fit tourner au sérieux un dénouement rapide et décisif. La *bêtise* des oligarques a prétendu que Bonaparte avait assassiné Paris : il faut leur crier qu'il l'a sauvé. Une armée victorieuse sur tous les points, et qui, sur tous les points, voit renaître, je ne dirai pas les attaques, mais les insultes et la mutinerie, cette armée s'impatiente, s'irrite, se sent blessée dans son orgueil ; et pour empêcher qu'on ne remette en question ce qu'elle vient de décider, elle n'achève de vaincre qu'en immolant l'insolence à sa fureur. Le canon de St.-Roch empêcha ce désastre. Devant cet instrument de meurtre, redevenu bientôt un épouvantail, la faction se tut et la sédition tomba. Le vainqueur n'avait point été cruel durant l'action ; il se montra indulgent après la victoire.

CHAPITRE V.

Par calcul, autant que par opinion, Bonaparte jusqu'alors avait penché vers le parti de la révolution ; l'affaire du 13 vendémiaire, dans laquelle il joue le rôle décisif, le force à se déclarer authentiquement pour elle : c'était, selon lui, se prononcer en faveur de la majorité. Outre un motif personnel, Bonaparte, dans cette circonstance, ne fait que céder au principe dominant de sa nature, qui *reconnaît toujours la Raison, dans le Fait.* Ce qui serait arrivé, si Bonaparte se fut déclaré contre la révolution. Motifs de son mariage. Caractère, portrait et influence de son épouse. Projet de la conquête de l'Italie. Plans de Carnot et de Bonaparte. Décision du directoire exécutif. Bonaparte paraît pour la première fois, comme homme public et revêtu d'une autorité supérieure, sur le théâtre du monde.

Bonaparte, pour la seconde fois, vient de tenter cette divinité que le vulgaire, qui la croit aveugle, révère sous le nom de Hazard, mais dont l'instinct clairvoyant devine si bien le génie et s'attache si étroitement au talent. Par celui qu'il a montré, en saisissant le point décisif de l'occasion, on ne pourrait pressentir encore s'il saura un jour la faire naître ; mais tout annonce, qu'après se l'être soumise, il va savoir en profiter.

La journée de vendémiaire, qu'on ne pourrait sans ridicule appeler une victoire, fut pourtant plus qu'une affaire, puisque servant de point d'appui à la révolution, elle l'empêcha de rétrograder et de reprendre sa course; je ne dis pas de la continuer, parceque le 9 thermidor l'ayant interrompue, lui avait imprimé une autre direction. Il n'eût tenu qu'à Bonaparte de lui en donner une nouvelle; mais lieût fallu se servir des aristocrates qu'on venait de battre, ou des anarchistes qu'on aurait démuselés; et ces deux instrumens, si difficiles à faire converger, conviennent mal à la main qui n'aime que l'unité. Quel fut donc pour le général du 13, le premier fruit de son succès ? Ce fut de s'attacher par intérêt à la révolution qu'il avait d'abord épousée par goût, et qu'il se décida à seconder avec calcul ; ce fut d'établir sur cette révolution et sur les institutions qu'elle avait ébauchées, l'influence d'une naissante célébrité. Perdre à cette époque Bonaparte eût été peu, n'eût été rien pour la révolution: elle avait pour elle les principes appuyés sur le nombre et la force justifiée par le succès ; mais si Bonaparte eût alors quitté la révolution, c'était fait de lui et je ne chercherais pas à démêler dans son caractère les motifs de son histoire.

8 *mars* 1796. — Ceux qui écriront sa vie privée raconteront ici les anecdotes de son mariage ; moi, je n'en dirai un mot que pour remarquer le contraste qui existait entre le caractère de son épouse et le sien ; contraste qui valut à celle-ci la plus salutaire influence, et qui, jusqu'au jour où une ambition sans frein la rendit victime d'un divorce sans nécessité, lui permit de tempérer par son in-

tarrissable bonté, les sévérités du despotisme, et d'épancher sur les infortunés le bonheur dont elle se regardait comme dépositaire.

Dès cette époque même, elle acquit sur ce caractère âpre l'ascendant que la plus aimable bienveillance obtient sur tous et partout, mais qui fut remarqué pour avoir amolli tout-à-coup une âme qu'on croyait inflexible, et pour avoir soumis à un commencement d'urbanité un jeune soldat dont le cœur farouche et l'humeur stoïque n'étaient à l'aise qu'au milieu des camps.

Toutefois, dans cette urbanité même, voyons moins une métamorphose définitive du caractère qu'un de ses progrès accidentels. Bonaparte, doué de ce tact fin qui supplée à l'expérience ; Bonaparte entré dans le monde, pour ainsi dire, à coups de canon, comprit vite qu'il fallait tempérer par quelqu'aménité ce que cette introduction avait d'aventureux et de choquant. Quelque sauvage que soit un caractère, quelque poignante que soit une passion, soyez certain que s'il s'agit de leur existence, ils deviendront faciles sur les moyens. Bonaparte, pouvant choisir, eût sans doute pris les plus violens ; mais il ne les eût adoptés que comme les plus prompts ; et dans le monde, au rebours du camp, la violence fait tout rétrograder. Or, il s'agissait de faire son chemin, ou pour mieux dire, de se frayer la route. Du cahos de la révolution, avec un essai d'ordre politique, commençait à se reformer une sorte de société, dont une classe mitoyenne entre l'ancien régime et le nouveau, occupait les premiers rangs. C'était de la plus distinguée de ces classes que madame de Beauharnais faisait le plus bel ornement ; et c'était madame de Beauharnais qui, après avoir encouragé la sauvage timidité de Bonaparte, semblait avoir, sinon touché, au moins captivé son cœur, et recevait de lui des protestations et des soins. A cette école, il ne devint pas tendre ; mais comme il voulait plaire, il se montra poli.

Au milieu du comité démocratique qui administrait l'Etat, Barras seul semblait le gouverner ; et quoique républicain, il représentait, par ses manières, les formes et l'opinion monarchiques. Deux fois patron de Bonaparte, qu'il avait deviné à Toulon et qu'il venait d'éprouver à Saint-Roch, il se crut naturellement son protecteur : ce fut lui qui fit son mariage. Mais pour un homme comme le nouvel époux, le mariage ne pouvait être un objet, et une femme n'était qu'un moyen. Celle-ci, pour peu qu'on en croie les échos des salons, lui apporta pour dot l'armée d'Italie ; des corps français, c'était celui que la paix semblait avoir rendu le moins nécessaire, et que sa position, autant que sa faiblesse, rendait le moins redoutable. Le directoire, après avoir conclu la paix avec l'Espagne et la Prusse, continuait la guerre contre l'Autriche ; mais il ne paraissait pas se douter que cette puissance pût être vulnérable ailleurs que sur le Rhin. Un seul de ces gouvernans novices et éphémères, possédait sur l'art de la guerre des notions positives, et sur sa politique des idées étendues. Celles que Bonaparte hasarda s'accordèrent aisément avec les projets de Carnot ; mais c'étaient, jusques-là, des pensées mal coordonnées et des desseins sans plan arrêté. Lorsqu'après quelques conférences et quelques méditations, celui du général fut communiqué au gouvernement, il obtint une adhésion complète. Il s'agissait d'arrêter, dans leur développement, les précautions militaires que l'Autriche prenait en Italie, et par une forte diversion dirigée contre cette puissance, d'inquiéter aussi, peut-être même de punir je ne sais combien de petits princes soldés par l'Angleterre, et qui, en se déclarant contre la France, n'avaient voulu que gagner un peu d'argent. Rien de plus raisonnable que ce projet, rien de moins compliqué que ce plan. Agréé pour les tenter, Bonaparte se promit bien de les exécuter dans toute leur étendue, et de les rendre féconds en résultats.

On peut dire que ce fut seulement alors que le public tourna ses regards sur lui. Quoique général en second de l'armée de l'intérieur, le vainqueur de vendémiaire avait plus mérité l'attention qu'il ne l'avait obtenue. On se disputait encore sur la nécessité de la journée du 13, quoiqu'on fût d'accord sur l'importance de ses effets ; et le nom de son principal instrument, que beaucoup regardaient comme son véritable auteur, n'était point livré à la reconnaissance sans contestation. Ce nom même, par sa physionomie étrangère, provoquait sur le débutant qui le portait, une sorte de controverse mêlée de réflexions politiques et de décicisions grammaticales. Enfin, à ce nom fut accolé le titre de général en chef de l'armée d'Italie, et tous les sentimens prirent une nouvelle direction. Si les timides rappelaient nos anciens revers dans la presqu'île, les braves n'oubliaient pas de leur opposer nos antiques succès. Le caractère du nouveau chef commençait à être pressenti. On portait ses recherches sur son origine, on se contait les anecdotes de son enfance. L'intrépidité éclairée qu'il avait montrée à Toulon, l'audace et l'adresse par lesquelles il venait d'étouffer une sédition, le faisaient reconnaître pour le digne élève de Paoli. Son aventure au Champ-de-Mars, où, ne pouvant obtenir de monter dans un aérostat, il l'avait percé de son épée, décelait un caractère entreprenant, mais que la contradiction poussait plus à l'impatience qu'à la stoïcité ; et les mots qui lui échappaient étaient recueillis comme des indices d'originalité et quelquefois de bisarrerie.

CHAPITRE VI.

Esquisse de la première campagne de Bonaparte et de la première conquête de l'Italie. Situation politique de la France; ses rapports diplomatiques avec l'Europe : elle est en paix avec la Prusse et l'Espagne, dans une attitude menaçante avec les neutres, en hostilités ouvertes avec l'Autriche. Cette puissance, inquiétée sur le Rhin, se voit attaquée à outrance dans ses possessions italiennes. En quelques mois, Bonaparte les lui enlève. Aperçu de sa nouvelle tactique et des grandes manœuvres. Leur résultat militaire. Il amène les préliminaires de Léoben, bientôt suivis de la glorieuse paix de Campo-Formio. Par ce traité, l'indépendance de l'Italie est reconnue par l'Autriche, qui reçoit Venise à titre d'idemnité pour la Belgique, qu'elle est forcée de céder. La république cisalpine, formée de la réunion des républiques provisoires cispadanes et transpadanes. Révolutions démocratiques opérées en Suisse, à Gênes, à Genève, en Hollande. Part exercée sur ces révolutions par la politique du gouvernement français et par l'ascendant de son général.

Avril 1796. — Ici s'ouvre aux yeux de l'Europe, d'abord attentive et bientôt épouvantée, le plus imposant spectacle. Tandis que la tourmente révolutionnaire s'appaise dans l'intérieur de la France, on dirait qu'en couvrant ses frontières de l'exhubérance de sa population, ce peuple a le dessein d'envoyer à ses ennemis l'ardeur fièvreuse qui le fatigua trop long-temps. Mais cette fièvre toute guerrière ne corrompt point encore les nations, ne menace point encore les rois. Si ceux qu'elle agite portent d'une main le glaive des batailles, ils présentent de l'autre le calumet de la fraternité. Après avoir assis sur une constitution, que l'on croit républicaine, la liberté de la patrie, il faut obtenir son indépendance de la victoire, et la consacrer par des traités. C'est le serment qu'en ont fait Moreau, Jourdan, Bernadotte; c'est celui auquel vient de s'associer le jeune soldat qui ne fut l'élève d'aucun, et qui ne veut être ni l'imitateur, ni le rival de personne. Travaillé par son propre génie, voyons comment il n'obéira qu'à ses destins.

Depuis long-temps se préparait, dans l'art de la guerre, une révolution indispensable. Le talent, d'accord ici avec l'humanité, voulait substituer aux escarmouches d'avant-postes, aux manœuvres de détail, aux engagemens partiels, l'action décisive des masses et les mouvemens simultanés de plusieurs armées combinées. Déjà, du temps de Catinat, on avait remarqué que les petites évolutions, les attaques simulées, les combats morcelés, les feintes retraites, et toutes ces opérations secondaires en quoi consiste la chicane du terrain, ne faisaient que compliquer les difficultés sans les résoudre jamais; et cet illustre général, philosophe vertueux et guerrier compatissant, avait essayé de réaliser sur le terrain les humaines et profondes méditations auxquelles il s'était livré. Mais que pouvait le tacticien le plus habile, dont un ordre de Versailles prescrivait la marche, contrariait les projets et paralysait le talent? Réfugié dans des livres, le génie de Vauban, du maréchal de Saxe, de Montecuculli s'élançait dans l'avenir et ne devait servir que la postérité. Sous sa dictée Guibert écrivait sa Grande Tactique; et sous son inspiration, Bonaparte, maître des champs de batailles, comme de lui-même, se dispose à faire l'application de ces belles théories.

Vastes et profondes, simples dans leurs procédés et immenses par leurs résultats, elles s'accordent parfaitement avec ces esprits gigantesques auxquels sourient si agréablement tous les projets aventureux; elles conviennent encore mieux à ce caractère puissant, que la certitude de dompter les difficultés en rend avides, et qui provoque le plus extrême danger afin de le déconcerter par les ressources les plus abondantes et les plus imprévues.

La campagne s'ouvre en avril 1796. L'armée pauvre en tout, mais riche en courage, exécute sur toutes ses lignes un mouvement inusité. De Nice jusqu'à Savone, le génie souffle, et tous les postes austro-sardes sont emportés. Voilà les hauteurs de la Ligurie dégarnies, et l'ennemi troublé qui se rassemble. A Montenotte il est battu; à Millésimo, trois jours après, il est séparé des Autrichiens. A

Mondovi, il essaye de reprendre ses avantages : il les perd tous, découvre toutes ses positions, laisse le Piémont sans défense. En moins de dix-huit jours cette puissance demande la paix : elle ne l'obtient qu'en cédant ses places fortes. Maître au-delà des Alpes et des Appenins, Bonaparte assure ses points d'appui, et tranquille sur sa retraite, il court attaquer les Autrichiens.

Les Autrichiens eurent leur tour : le Pô est passé, l'Adda franchi, Beaulieu mis en pleine déroute; Milan ouvre ses portes et l'Italie est délivrée. Tout cela fut encore l'affaire de quelques jours.

Mais l'Autriche, qui a pénétré les desseins de Bonaparte et qui redoute en lui moins le vainqueur de l'Italie que son libérateur; l'Autriche veut du moins qu'il achète cher sa conquête. Cinq fois elle remet en question ce que la victoire a décidé; mais cinq fois la fortune infidèle à ses anciens maîtres, se tourne vers son nouveau favori. Journées de Mantoue, de l'Adige, de Rivoli, d'Arcole, vous vîntes ajouter aux noms fameux que la victoire fait briller dans notre révolution, vos noms désormais non moins célèbres! Parme se soumit, la Sardaigne s'allia, Venise fut subjuguée, le pape humilié souscrivit des tributs; et ce fut à trente lieues de Vienne que Bonaparte accorda la paix.

Remarquons qu'une noble ambition échauffait en Allemagne ses émules en courage, devenus plutôt ses rivaux de gloire que de succès. Kléber et Lefebvre à Altenkirken, Moreau à Néresheim et à Friedberg, Hoche à Neuwied, Jourdan à Wurtzbourg, Marceau à Altenkirken, Moreau encore à Biberach, répétaient sur toutes les rives du Rhin les scènes sanglantes et valeureuses qui illustraient l'Italie. Hoche et Travot fermaient le chancre de la Vendée; et la république, tranquille au-dedans, triomphante au-dehors, semblait tenir son existence de sa force et le respect qu'elle inspirait de sa supériorité.

Un grand problème politique venait, ce semble, d'être dénoué. Par les gages que nous tenions de l'Autriche en Italie, il nous était facile d'en obtenir, d'en commander l'échange en Allemagne; et la restitution du Milanais nous assurait la conquête du Rhin. C'est ce qu'aurait conseillé une politique prudente, qu'on aurait appelée timide; mais dans la position respective des deux puissances, dans la situation générale de l'Europe, c'est ce qui ne pouvait convenir à la France, ni honorer son gouvernement, ni satisfaire Bonaparte.

Celui-ci, profitant de sa fortune, songea-t-il dès-lors à tourner à son agrandissement personnel les immenses et rapides avantages qu'il avait obtenus? Je ne le crois pas, et rien ne le fait présumer. Une célébrité aussi promptement acquise qu'universellement étendue, donnait alors le change à son ambition. Le plaisir d'occuper, d'étonner le monde, l'emportait alors dans son cœur sur le besoin de le gouverner; et d'ailleurs, il croyait rencontrer, dans les diverses carrières que le succès lui avait ouvertes autant de voies nouvelles à la renommée. Quant à cette fougue de caractère à laquelle sa nature exigeait qu'il donnât l'essor, ne venait-il pas de l'exercer dans toute sa plénitude, en commandant une nombreuse et formidable armée, en l'assujétissant à une discipline sévère qu'elle ne connaissait plus; en lui prescrivant ces manœuvres savantes et pénibles qu'elle n'avait jamais connues, et ces irruptions décisives autant que téméraires dont elle ne se doutait pas? En épuisant ainsi toutes les ressources du régime militaire, il avait déployé tous les ressorts de son instinct despotique, et il lui suffisait maintenant que fortifiés l'un par l'autre, ils l'eussent fait triompher de toutes les difficultés.

Quel que soit d'ailleurs en définitive l'ascendant d'un homme sur les événemens contemporains, c'est presque toujours par l'influence de ces événemens sur lui que cet ascendant commence : il semble même n'en être que la réaction. Le signal de la liberté parti de tous les points de la France, avait parcouru les cîmes des Alpes avec nos armées, et volant avec leurs victoires, il retentissait jusqu'aux extrémités de la péninsule. C'était à ce cri qu'elle venait d'être conquise et délivrée : Bonaparte en avait été le premier organe, et ce n'était qu'en affranchissant qu'il pouvait conserver. Je viens de dire que ce n'était qu'ainsi qu'il le voulait. Et dans le système actuel de l'Europe, cette détermination était à la fois la plus juste et la plus nécessaire. La plus juste, puisqu'en diminuant de toute l'Italie et de la Belgique le poids de l'Autriche dans la balance diplomatique, elle n'augmentait celui de la France que par la restitution de sa prépondérance naturelle : la Belgique allait lui être réunie, et l'Italie demeurait indépendante. Cet arrangement était aussi le plus nécessaire, car c'était en ce moment même qu'une dernière convention signée à Pétersbourg entre la Russie, l'Autriche et la Prusse achevait le partage de la Pologne, auquel il semblait indispensable d'opposer la libération de l'Italie.

18 *avril, au* 17 *octobre* 1797. — Ce fut donc sur ces premières bases que Bonaparte dut accorder les préliminaires de Léoben, et elles servirent d'assises au traité de Campo-Formio. Mais entre ces deux conventions, il s'était écoulé plus de sept mois, et le vainqueur, de conquérant devenu révolutionnaire, avait employé ce tems pour mûrir à la liberté politique les peuples que ses victoires venaient d'appeler à l'indépendance. Pour consolider l'une par l'autre, l'unité semblait la condition indispensable ; mais afin d'amener à cette résolution simultanée les différens intéressés, il fallut parler des

langages variés à des passions diverses, déraciner d'anciennes préventions, faire germer de nouvelles idées, établir des communications insolites, combattre surtout et détruire des opinions ennemies, en coordonner de divergentes, et d'une multitude d'intérêts, dont le moindre inconvénient était d'être personnels, composer un intérêt commun. On voit qu'il ne s'agissait rien moins que d'employer des élémens, dont peu étaient similaires, dont beaucoup paraissaient hétérogènes, pour en former un tout, pour en créer une nation. Que ne peut toutefois l'amour de la liberté soutenu par la victoire? quelqu'ait été ses motifs ultérieurs, Bonaparte le seconda franchement. Par son influence, à la voix de ses agens, s'écroulèrent ces vieilles olygarchies, ces féodales principautés qui surchargeaient la noble patrie des Romains. Sur leurs ruines et même de leurs débris, la main du guerrier éleva une grande république, que de nouvelles victoires, que de nouveaux traités achevèrent de doter. A cet exemple contagieux, tous les petits gouvernemens satellites s'arrêtèrent ou éprouvèrent de périlleuses perturbations. L'ancien ordre aristocratique dut céder aux tentatives des systèmes populaires. La Cisalpine s'était modelée sur Paris; les nouvelles démocraties de l'Italie, de la Suisse, de la Hollande même se modelèrent sur Milan. Barnevelt eut un successeur, Guillaume-Tell des imitateurs; et l'on vit un général français foulant la thiare sous les faisceaux républicains, évoquer la grande ombre de Rome sur les degrés du Capitole. Ame quelquefois manifeste, plus souvent invisible de tous ces mouvemens, Bonaparte les appuyait de la triple force de son esprit, de ses armes et de sa volonté.

CHAPITRE VII.

Réflexions sommaires sur les premières actions de Bonaparte et sur l'impulsion qu'elles viennent de donner à ses facultés. A mesure que les circonstances les développent, on y découvre de singuliers contrastes. Explication probable.

Arrêtons un instant nos regards sur ce que j'appelerai l'apprentissage de Bonaparte. Il quitte Paris, après y avoir donné quelques gages et laissé beaucoup d'espérances. Dans la précise révolution d'un an, avec l'armée dont à peine on lui a fourni les élémens, il conquiert, révolutionne, réorganise la turbulente Italie, et soumet à un système uniforme vingt peuples séparés par leurs lois, par leurs mœurs et surtout par leurs prétentions. Croiton que pour les amener à cette identité de pensée, il n'ait fallu que prononcer les mots de *gloire* et de *liberté?* Leur magie a beaucoup fait sans doute; mais qu'elle eut été vaine, si, dans l'homme qui en avait fait son mot d'ordre, il n'y avait eu à la fois un général, un révolutionnaire, un législateur, un diplomate! Ce n'est pas pour conquérir qu'il se bat, c'est pour conserver qu'il conquiert. La France, centre et mobile d'un nouveau système politique, a besoin de s'appuier sur des analogies qui la balancent : une seule campagne les lui donne. Il y a mieux ; elle en dépouille sa rivale continentale, dont son autre ennemie, plus redoutable encore, a fait une esclave soudoyée et l'instrument de ses desseins. L'Angleterre les voit déconcertés par une force supérieure à sa politique : cette force est celle des choses, plus violente que celle des hommes, parce qu'elle est aveugle et irrésistible, lorsque dirigée par un homme de génie, elle joint à son action souveraine la prévoyance et le discernement.

Si dans le libérateur de l'Italie le politique trouve assez d'étoffe pour plusieurs hommes d'état, que doit y observer le moraliste ? Le développement progressif des facultés qu'il a déjà notées : un tact exquis, une clairvoyance subite, une rapide et pénétrante perspicacité, une volonté fixe, des déterminations invariables, une exécution prompte, forte et complète. Dans ce faisceau de qualités morales et intellectuelles, se déployent de plus en plus ce génie extraordinaire, dont la *rayonnance* universelle (qu'on me permette cette locution) est l'attribut principal, et ce caractère d'airain dont le trait distinct est l'opiniâtre immutabilité. Nous ne récapitulons ici que ce que nous avions déjà remarqué. Mais ce que le passage du temps, ce que le choc des circonstances ont ajouté n'est pas moins digne d'attention. Sur ce fond établi, ils ont montré l'alliance singulière de l'entêtement et de l'abandon, de la résolution d'abord irrévocable et modifiée bientôt par une inexplicable mobilité; la puissance de concentrer sa pensée jointe à je ne sais quelle inconcevable besoin de la faire jaillir par explosion. Les signes extérieurs de ces contrastes n'ont pas ouvert un champ moins vaste aux observations et aux conjectures. On s'est demandé comment sur cette physionomie habituellement si calme, ou plutôt si froide et si sévère, le jeu des muscles faisait successivement apparaître l'expressif orage de toutes les émotions; on a voulu savoir pourquoi cette bouche qui sait se taire, s'ouvre quelquefois à la plus dangereuse locacité; enfin ceux que la bienveillance avait d'abord caressés, ont du s'inquiéter, s'allarmer peut-être, du silence, du dédain, de la rudesse même qui l'avaient remplacée. La continuation de nos études sur l'homme extraordinaire qui en est le sujet éclairera un peu, mais ne videra pas cette controverse. Bonaparte est un problême que vingt années de solutions progressives n'ont point encore expliqué.

CHAPITRE VIII.

Nullité apparente et incapacité réelle du Directoire exécutif : elles font ressortir la supériorité et l'influence de son général. Tableau sommaire et motifs du 18 fructidor. Quelle fut la part que prit à cette journée le général Bonaparte. Elle n'était, selon lui, qu'une extension d'un fait reconnu nécessaire, l'existence et l'établissement de la révolution.

UNE remarque que tout le monde a faite lors des événemens, se reproduira nécessairement sur nos récits. Tandis que se passaient les faits que nous essayons d'expliquer, où donc était et que faisait le gouvernement qui semblait les commander? assailli en France par deux factions qu'il n'osait mépriser et qu'il ne savait combattre, il recueillait dans toute l'Europe la dénomination qu'on ne refuse guères au mauvais emploi des talens, et à l'absence du caractère; et Buonaparte, que cette double indigence morale n'avait peut-être pas chagriné, s'était bien gardé d'en appauvrir les affaires d'Italie, en la laissant deviner aux vaincus. Lorsqu'un gouvernement a pour organe les trompettes de la victoire, et pour parure ses trophées, qui oserait soupçonner sa faîblesse? la politique du général, qui n'a jamais manqué d'une certaine jactance, en éloignait même l'idée par ses déterminations gigantesques, et son administration exagérée. Il nommait toujours la France et ne taisait même pas les Directeurs ; mais lorsqu'il fallait agir, il se présentait seul ; et mobile des opérations, comme il était le centre des regards, tout s'éclipsait devant lui et par lui. Ce qui explique l'obscurité du Directoire justifiera donc notre silence à son égard.

4 *septembre* 1797. — Une seule fois cependant il tenta de sortir de cette obscurité, et certes il en avait le droit, car son existence, et avec elle, celle de la république étaient menacées. On comprend que je parle du 18 Fructidor. Nul doute que la conspiration découverte long-temps avant cette époque, mais punie seulement alors, ait été la suite et ait voulu être la contre épreuve de la conspiration de vendémiaire. Plus adroite que cette dernière, elle s'était insinuée dans la représentation nationale et ménageait par des formes et sous des noms jusqu'alors réputés républicains, le retour de la royauté. Bonaparte qui dans la contre-révolution possible, voyait sa perte nécessaire, fit entendre du sein de sa conquête une voix menaçante. Aux pétitions efficaces peut-être, mais illégales, votées par son armée, il joignit la démarche de plusieurs de ses généraux chargés d'offrir leurs bras et probable-

ment son épée aux Directeurs compromis. Un tel auxiliaire effraya le gouvernement qui précipita sans lui la perte de ses ennemis. Eut-il raison le 18 ? sans contredit, parce que tout ce qui existe, par cela seul que son existence est un fait, a droit, a même l'obligation de la défendre : un changement de système n'en peut apporter aucun aux principes. Quant au lendemain, c'est autre chose ; et si j'écrivais les annales du Directoire, j'avoue qu'il ne trouverait pas grace devant moi, pour une journée qui meurtrit des mêmes coups et, comme dans une mêlée, amis et ennemis. Associer dans la même proscription Carnot et Lavilleheurnois, n'était-ce pas réunir l'absurde à l'atrocité, déceler la colère faible qui frappe sans discernement, et forcer les hommes raisonnables à conclure du mélange des conspirateurs, qu'il n'y avait pas eu de conspiration ?

Ces questions au surplus ne tiennent à mon sujet que par la part que Bonaparte prit à leur solution ; part qu'il eût voulu rendre plus directe sans doute, mais qui dans son influence négative et pour ainsi-dire expectante, fit entrevoir celle d'une puissance qui ne peut jamais se mêler à l'action civile sans la dénaturer. Nous voulons parler de l'influence militaire : non pas que nous pensions, avec plusieurs annalistes de ces temps, que l'introduction du gouvernement militaire en France, date du 18 Fructidor, puisqu'à notre avis, non-seulement il n'y a jamais existé, mais que nulle personne, et Bonaparte moins qu'un autre, n'a tenté de l'y établir ; mais parce qu'au seul pressentiment de cette influence, à la première sensation qu'elle excite, toute légalité dans le gouvernement s'arrête, toute sécurité s'en va, toute liberté disparaît. Cette crise imposée à l'état dans les journées de Fructidor ne les fit pas périr, parce que ce fut l'état lui-même qui l'appela à son salut ; mais elle prépara sa perte, en avertissant la puissance militaire de l'ascendant qu'elle prendrait sur lui, lorsqu'elle le pourrait prendre avec impunité.

Décembre 1797. — La mission de Bonaparte à l'éphémère congrès de Rastadt fut courte, brusque sans dignité, mais non sans décision. On lui reprocha alors d'avoir d'abord franchi, et même renversé les barrières de l'étiquette ; ensuite d'avoir substitué à la lenteur des circonvolutions diplomatiques, la rudesse et par fois la violence de son caractère. Je crois ces reproches très-fondés ; mais il en eût mérité de bien plus justes, si par ces condescendances qui ne terminent rien, il avait perdu sur le bureau des négociations les batailles qu'il avait gagnées sur le terrain. Soyons persuadés que tel était le but de l'Autriche : c'est une puissance qui ne rame jamais contre le vent, s'arrête sans impatience, rétrograde sans chagrin apparent, et qui de résignations en sacrifices, se retrouve toujours au centre de la monarchie universelle que lui a léguée Charles-Quint. Dans la magnifique position où la victoire avait mis la France, il fallait brusquer la fortune, et pour cette fois justifier ses faveurs en en abusant. J'entends des philantropes, madame de Staël à leur tête, invectiver contre le renversement de Venise, et se récrier sur un changement que la vétusté seule avait amené, et dont nous n'avons fait que profiter. Valait-il mieux, par respect pour une aristocratie pourrie, laisser définitivement cette proie à l'Autriche, au lieu de lui en remettre le dépôt provisoire? depuis, quand elle l'a pu, elle ne s'en est pas fait faute; et la même réserve qu'elle avait mise au partage de la Pologne, elle l'a montrée à la confiscation des états vénitiens. Ce morcellement de la Pologne dont on ne parle presque plus, depuis que, *dans le gâteau de l'Europe*, Bonaparte a pris la part du lion; ce déchirement aussi impolitique qu'atroce, a provoqué, j'allais presque dire a justifié tous ceux qui l'ont suivi. Vous vous élargissez, et vous voulez que je me restreigne dans mes dimensions natives! Ce serait me rétrécir. Tant que l'Europe diplomatique sera une balance, dont vous surchargerez un bassin, permettez-moi de jeter dans l'autre un poids qui rétablisse l'équilibre.

Une pacification complète sur le continent préludait, selon toutes les conjectures, au raccommodement avec l'Angleterre. Ces vues d'une politique superficielle et populaire ne convenait ni au Directoire qui voulait par la guerre propager le système républicain, ni à Bonaparte qui, en attendant l'appétit de l'ambition, avait soif de renommée. Le gouvernement redoutait dans les révolutionnaires de l'intérieur des conspirateurs permanens; dans les royalistes des conjurés accidentels; dans la masse du peuple un mécontentement toujours en fermentation; dans les rois, ses voisins, des ennemis obligés; et dans l'armée, qu'une paix intempestive eut fait refluer en France une population fiévreuse, dont la guerre seule pouvait tromper l'activité. Politique méticuleuse, dira-t-on! et j'en conviendrai. Mais on conviendra aussi que les circonstances n'étaient pas ordinaires, et que cinq bourgeois, à leur apprentissage de princes, ne pouvaient déployer l'aplomb de vieux autocrates expérimentés.

Bonaparte obéit à son caractère en profitant de ce qui favorisait ses idées et peut-être ses projets. On avait remarqué, qu'après les préliminaires de Léoben, il avait fait venir de Milan tous les livres de la bibliothèque ambroisienne relatifs à l'orient, et qu'il en avait noté les pages qui traitent spécialement de l'Egypte. Jusques là cette observation était insignifiante, et il a fallu les événemens pour l'expliquer. A mesure que ceux-ci vinrent à éclore, on se rappela que le premier dessein de former une colonie égyptienne remontait à la Régence et avait reçu sous Louis XVI la consistance d'un projet. Cette idée, qui dormait dans les cartons des affaires étrangères, avait-elle été suggérée au vainqueur de l'Italie, ou s'était-elle rencontrée avec sa propre idée? C'est ce qu'on ignore, et qu'importe! c'est assez pour l'histoire et pour nos observations, que du génie informe d'une conception mal élaborée, il l'ait fait passer à la réalité.

CHAPITRE IX.

Séjour de Bonaparte à Paris, après sa campagne d'Italie et la paix qui la termina. Quelques anecdotes sur ce séjour. Mots caractéristiques prononcés par lui. Son âme véhémente qui se mêle à tout ; son humeur solitaire et méditative qui semble couver les événemens, son caractère altier qui les détermine et les entraîne, donnent à l'opinion publique une violente impulsion de curiosité. Elle a deviné que l'homme dont elle s'occupe beaucoup a conçu un important projet : quel est-il ?

Fin de 1797. — Pendant le séjour de Bonaparte à Paris, on ramassa sur lui, sur l'expédition qu'il venait d'accomplir, sur celle qu'il projetait, sur sa personne spécialement, une foule d'anecdotes, dont nous ne tirerons que celles qui ajoutent de nouvelles touches à son caractère.

Le méchant vit seul, a imprimé Rousseau, disait-on un jour devant lui ; et pour confirmer cette sentence par un exemple, on citait St.-Just qui, comme Bonaparte, n'eut ni ami de collège, ni liaisons tendres : Rousseau s'est trompé, remarqua celui-ci, car le méchant isolé se ferait horreur ;

c'est l'homme fort qui aime à vivre seul, et je vous laisse à deviner pourquoi.

S'entretenant avec Paoli de la révolution naissante, il n'exprimait que des pensées grandes, fortes et élevées; jamais aucune dans le sens des affections humaines et d'une modération conforme aux moyens ordinaires. A la place de Cromwel, disait-il, je ne serais pas mort Protecteur; à la place de César, j'aurais prévenu, par le supplice, la conjuration de Brutus.

Son oncle Fesch le trouve lisant la vie de Turenne : c'est dommage qu'il y ait dans cette vie là l'incendie du Palatinat. Qu'importe, s'écrie vivement Bonaparte, si cet incendie était nécessaire à sa gloire!

Le capitaine de Bonaparte a noté sur ses tablettes ce mot de son jeune lieutenant : les révolutions sont un bon temps pour les militaires qui ont de l'esprit et du courage.

On a remarqué que l'armée de Moreau conservait le nom d'*Armée de la République*, tandis qu'on appelait celle d'Italie, l'*Armée de Bonaparte*.

Lorsqu'il envoya, pour meubler nos musées, jusques-là déserts, des tableaux, des statues, monumens des arts, devenus le prix de nos victoires, il écrivit : J'ai particulièrement insisté sur les bustes de Junius et de Marcus Brutus; vous les resevrez les premiers. Ce fut alors qu'on put observer la ressemblance frappante du vainqueur de l'Italie avec celui de son antique consul : cette singularité exerça la pénétration des physionomistes et fit même rêver les philosophes.

La révolution, qui a tout changé, permit aussi à Bonaparte de changer l'art de la guerre, et avec lui cette éloquence des camps, qu'un maréchal de France appelait *le brandevin de l'honneur*. On lut avec admiration ces harangues énergiques, où les muscles de la pensée saillissent sous les images les plus pittoresques. Dans cette carrière neuve, où à peine il est entré, Bonaparte est resté sans contestation l'exemple inimité et l'unique modèle.

10 *Décembre* 1798.—Après la signature du traité de Campo-Formio, il vint en présenter l'original au directoire qui le reçut sous un dais de drapeaux pris à l'ennemi. Tout dans cette solennité respirait, avec la grandeur républicaine, je ne sais quel faste monarchique qui en tempérait l'austérité. L'or brillait sur le velours directorial, prélude de la pourpre de Charlemagne; et les uniformes des états-majors étincelaient de broderies. Plus remarqué pour sa simplicité que pour sa petite stature, Bonaparte était le centre de tous les regards. Le ministre, qui le présentait, dit de lui qu'il détestait le luxe, chérissait la retraite et lisait Ossian. Je ne sais trop si ce goût poétique eut dû être of-

fert comme un gage de modération. Au surplus, celle de Bonaparte s'étala avec complaisance par ce mot qui n'était chez lui que l'expression d'une ambition momentanément satisfaite : les vraies conquêtes, les seules qui ne donnent aucun regret, sont celles qu'on fait sur l'ignorance. Depuis, afin sans doute de ne s'imposer aucun regret, c'est l'ignorance qu'il a dit avoir battue, en renouvelant l'ordre social.

1798. — A l'époque dont nous parlons, la sévérité de ses mœurs, mieux encore qu'une profession de foi qu'on peut feindre, semblait garantir de sa modération. Il vivait loin de toute intrigue, avec sa femme, dans une petite maison de la rue que l'admiration publique avait nommée *de la Victoire;* on savait qu'il aimait beaucoup cette femme, digne en effet de tous les attachemens; et l'on ajoutait, qu'étranger aux partis qui harcelaient le gouvernement, il ne voyait les membres du Directoire que pour se concerter avec eux sur un projet dont on commençait à parler.

Mais quel était ce projet? Les gens à courte vue conjecturaient qu'il était question de faire Bonaparte duc de Milan, peut-être même roi d'Italie. Toutefois on savait qu'ayant dit chez Barras qu'il n'eut tenu qu'à lui d'être proclamé, ce directeur lui avait répondu : Je ne vous conseillerais pas de tenter ici quelque chose de semblable; car si le Directoire vous envoyait au Temple, vous n'auriez pas quatre personnes pour vous. Sur cela, si l'on en croit encore les caquets politiques, Bonaparte avait déclaré le projet d'une grande et lointaine expédition. Mais, encore une fois, quelle était-elle?

CHAPITRE X.

Projet de l'expédition d'Égypte. Motifs qui la déterminent. Malte prise en passant, et nécessité de cette prise pour le succès de l'expédition. Colonisation : moyens et obstacles.

Un mystère profond couvrait les plans du Directoire et le projet de son général ; et ce mystère devenait chaque jour d'autant plus impénétrable, que des préparatifs qui lui étaient étrangers, donnaient le change aux conjectures des ennemis, et à l'indiscrétion des curieux. Bonaparte, désigné pour commander l'armée d'Angleterre, semblait chaque jour prêt à partir pour la visite des côtes ; et la veille même de son départ, il écrivit au plénipotentiaire d'Autriche, pour lui demander un rendez-vous à Rastadt, afin d'applanir les difficultés de détail qui retardaient l'exécution du traité. Enfin, on pariait que le but de l'armement de Toulon, était de débloquer la flotte espagnole dans le port de Cadix, afin que sous la protection des forces navales des deux nations alliées, le débarquement de l'armée française sur les côtes de la Grande-Bretagne put être opéré, lorsqu'on apprit que cette armée cinglait vers l'Égypte.

Il faut répéter ici que je n'écris point les faits : ils ne me servent que de points d'appui pour remonter aux causes et pour descendre aux résultats. Le plus extraordinaire de ceux-ci, le plus important, et sous quelques rapports le plus imprévu, la fondation de l'empire et son développement exigeront plus de détails, puisqu'il seront, comme je l'ai dit, la description de l'ouvrage : dans cette première partie où je cours avec mon sujet, je n'ai d'autre dessein que de faire connaître l'ouvrier.

Dans la vie d'un personnage qui pour parvenir à la célébrité et au pouvoir n'a pas toujours dédaigné de se faire aventurier, c'était une bonne fortune que l'expédition d'Egypte. A son héros alors, comme à son historien aujourd'hui, elle se présentait sous une multitude de points de vue, les uns nouveaux, les autres singuliers, tous attrayans. En soi, et indépendamment des périls comme des succès, elle semblait grande, héroïque et digne d'être tentée par des Français. Leur patrie ne pouvait manquer d'y applaudir avec enthousiasme, de l'encourager, de la seconder par toutes les ressources que l'opinion satisfaite sait trouver dans l'espérance. En effet, quoi de plus propre à éveiller celle de la nation ? distraction faite des dangers de la traversée et des obstacles de l'établissement sur lesquels glissent si légèrement nos esprits, on voyait naître en Egypte une vaste colonie, dont l'opulence très-prochaine suppléerait à la perte, ou à l'appauvrissement de nos colonies d'Amérique, et dont l'importance balancerait bientôt celle de ces riches établissemens, qui ont maintenu à l'Angleterre l'empire de l'Océan. Déjà nous voyions cette puissance ébranlée, dans ses comptoirs de l'Inde, dont notre courageuse industrie venait de trouver le vrai chemin; et la Turquie, dont la longue insouciance avait abandonné au bâton des Pachas, et aux avanies des Beys l'antique royaume de Sésostris, ne le verrait pas sans quelqu'intérêt renaître en quelque sorte sous la main de son plus ancien allié.

Voilà ce que rêvait le patriotisme français abusé par la présomption. Une politique moins imprévoyante hasardait quelques objections : cette Angleterre, dont l'ambition dévore le monde, que sa cupidité exploite; cette Angleterre, qui couvre la terre de ses magasins, et la mer de ses flottes, n'est-il pas certain que vous la rencontrerez partout? Comme une chaîne sans interruption, ses vaisseaux ceignent le globe; et ses escadres veillant sur toutes les côtes, comme sur ses propriétés, exercent la guerre ainsi qu'un droit, et punissent le commerce ainsi qu'un attentat. Croit-on d'un autre côté que la Porte voie sans inquiétude un établissement qui la dépouille du sien? ensuite, compte-t-on pour si peu ce ciel embrasé et ces nuits glacées si incompatibles avec les tempéramens européens ? et l'aspect si nouveau de ces ruines étranges, et cette population plus étrange peut-être, comment infuser parmi des débris que la barbarie a couverts les douces lumières de la civilisation moderne ? la philosophie est belle et puissante ; mais que deviennent sa force, et sa beauté devant des préjugés aussi solides et plus lourds que les Pyramides ?

La décision du Directoire, la volonté du général, l'obéissance de l'armée, le départ triomphant et la miraculeuse traversée de la flotte, ont répondu à toutes les objections, semblent avoir assuré toutes les garanties et dissipé toutes les terreurs. Il était de la première importance que Malte, enlevée aux Anglais, cessât de leur offrir une retraite et des ressources : un coup de main les leur ôte et nous les donne. Bonaparte exerçait alors, dans toute sa plénitude, le prestige de son nom. Entouré de cette magie, il échappe à l'ennemi, dont la clairvoyance, dont la sagacité, dont l'activité, étayées de forces imposantes, ne peuvent même contrarier son débarquement. Alors, sous la protection d'une tactique aussi extraordinaire que les événemens et aussi neuve que le terrain, commence à s'essayer et bientôt se développe un système simple, quoique complet, de civilisation, ou pour mieux dire de colonisation, car les savans qui étaient l'âme morale de l'entreprise dont Bonaparte était la tête et le bras, avaient d'abord senti que l'agriculture, calculée sur la connaissance du sol, l'étude du climat et l'aménagement du terrain, devait précéder toute amélioration et créer la propriété. Viendrait à la suite l'industrie à laquelle les métiers indispensables, les arts utiles et même les distractions agréables prêteraient leur concours. Toutes ces bases d'une régénération possible étaient rapidement assises par la science dogmatique et vérifiées par une patience expérimentale. La vieille terre des Mages, après quarante siècles d'esclavage et d'ignorance déposés par le limon du Nil, voyait poindre une nouvelle aurore, élancée de l'occident, et dans ses sillons creusés par les Français, germer une liberté et des arts, que cette fois elle ne devrait pas à la Grèce. Cependant, tandis que Monge et Fourrier mesuraient les Pyramides, que Denon et Ripault dessinaient les antiquités de Memphis, que Bertholet analysait les eaux du Nil, Bonaparte et l'armée franchissaient le désert, chassant dans ses replis de sable les phalanges rompues des Mamelucks, et ne les ralliant sous la grande pyramide que pour leur y faire subir l'affront d'une dernière défaite.

Courrons rapidement sur les incidens nombreux, sur les épisodes variés de l'expédition. Les obstacles se multipliaient par eux, mais avec les obstacles grandissait la gloire ou du moins la renommée. Bonaparte tout entier à leur ivresse, l'eût moins chérie sans eux et eût tenté moins d'aventures. Je me sers de ce mot aventures, et je m'en sers exprès. Plus heureux dans ses succès, on les eût nommées de grandes actions. Mais la Turquie et ses pachas, mais l'Angleterre et Sydney-Smith, mais le désert et les Beys, mais surtout l'imbécilité de cette population agenouillée sous le bâton, offraient de tous côtés des scènes au roman et peu à l'héroisme de l'épopée. Ce n'est point assez que son premier personnage soit brave, il faut qu'il soit heureux. Toutefois Bonaparte le fut dans sa propre conscience, puisqu'en dernier résultat, il ne voulait peut-être qu'occuper le monde. Lorsqu'il cessât d'être regardé par l'Europe, il disparut; mais, comme tout, jusqu'aux éclipses, doit être peu vulgaire dans un tel homme, celle-ci n'étonna guère moins que l'entreprise elle-même, et ce que l'une offrit de miraculeux couvrit ce que l'autre avait de peu satisfaisant.

Que résulta-t-il d'une entreprise conçue par le génie des projets, long-temps soutenue par celui de la victoire, mais que fit avorter une longue suite de revers ? L'humanité pleura sur tant de sang versé sans profit ; mais peut-être une politique pénétrante prévit elle, qu'aux lieux mêmes où il fut répandu, ce sang serait un jour vengé.

Quant à l'homme auquel, depuis ses infortunes, on reprocha de l'avoir prodigué, quel fut sa conduite ? Malte emportée, il substitue à la *gentilhommière* qui croyait la gouverner, une administration, que l'ordre du moment réclame, qu'une politique moins passagère n'aurait pas désavouée, et qui mesure aux facultés d'une peuplade récemment affranchie la jouissance tempérée des premiers droits naturels. Au Kaire, c'est en ménageant les erreurs qu'il les diminue ; c'est en feignant de respecter les préjugés qu'il les attaque ; c'est en remplaçant par des lumières graduelles l'ignorance altière et le fanatisme opprimant, qu'il les déconcerte ou les dissipe. A mesure que les difficultés hérissent sa marche, la fermeté de son âme s'exalte jusqu'à la dureté. On lui reproche même des déterminations violentes, des exécutions sanguinaires : c'est lui reprocher les crises de sa position. Ce qu'il faut s'avouer, c'est qu'un caractère moins inflexible eût évité de se rencontrer avec elle.

Il ne tiendra qu'aux esprits fins, dont les conjectures passent toujours le but, de deviner un empereur dans le conquérant de l'Egypte, comme ils ont pressenti un consul-dictateur dans le vainqueur de l'Italie. Une fois sur la ligne de cette idée, tout s'y subordonne, tout s'y peut accorder. Mais qu'il est commode de prophétiser le passé ! Pour moi qui tiens Bonaparte sur la sellette, j'avoue que je découvre moins de motifs pour justifier ce grief, que de prétextes pour bâtir ce système. Rien en effet ne paraît ressembler davantage au chef d'un gouvernement illustré par la gloire des armes, que le chef d'une expédition appuyée sur leur force et qui attend ses succès de leur triomphe. Mais une analogie si superficielle ne supporte pas l'examen. La seule différence de principes amène dans les conséquences l'opposition la plus diamétrale : c'est comme si l'on comparait la majestueuse lenteur des *bills* du parlement avec la despotique rapidité d'un *firman* de Constantinople. Que Bonaparte ait continué en Egypte son éducation politique et surtout ses études militaires commencées en Italie, cela devait être, et je le crois; mais, que sous les voûtes de la grande pyramide, au lieu de s'occuper de Sésostris, d'Alexandre, des Ptolémées, de Mahomet, il ait rêvé à Charlemagne, voilà ce que rien n'indique dans l'examen actuel, voilà ce que par la suite rien n'a prouvé.

En général on fait trop d'honneur et souvent beaucoup de tort aux hommes, même aux plus grands, en leur supposant des projets dès long-temps conçus, des desseins suivis avec constance, des plans combinés par le jugement. Telle a pu être parfois la marche de quelques génies privilégiés, que les événemens n'ont point trahis. Les autres, dans le chemin de la vie, s'appuient sur leur caractère, comme sur un bâton, dont ils frappent sur autrui et quelquefois sur eux-mêmes; se croyent forts par calcul, quand ils ne sont qu'entraînés par sentiment; et se répetent encore qu'ils sont immuables, en fléchissant sous la circonstance et en cédant à l'occasion.

Tout énergique qu'était Bonaparte, telle fut la première période de sa vie. Il y montra plus d'élan que d'esprit de suite, remarquons le : c'est qu'il payait le tribut à ses vingt-neuf ans. Le génie, l'héroïsme, jettent aussi leur gourme, qu'ils me permettent de le leur dire. Hercule au berceau rompait des serpens; mais c'était sans calcul, et pour exercer sa force. Dans l'âge de la virilité, lorsqu'il lui fallut nétoyer les étables d'Augias, ce fut encore sa force qu'il déploya, mais c'étaient ses talens qu'il voulait montrer.

CHAPITRE XI.

Journée du 18 Brumaire. Considérations générales. Mouvemens intérieurs et extérieurs. Bonaparte en devient le centre, et bientôt après le mobile. Conseils donnés pour éviter cette journée. Un mot caractéristique sur Moreau.

Qui est-ce qui n'a pas écrit du 18 Brumaire? Durant la vie de Napoléon c'était à qui y aurait contribué comme complice; depuis sa chûte, c'est à qui y a figuré comme victime. Le fait est que dans un événement de cette nature, si les complices sont nombreux, les victimes sont innombrables. Mais après qu'on a gémi sur la loi violée, après qu'on a protesté contre l'outrage fait aux principes, après qu'on s'est plaint de l'abus de la force et de la faiblesse de l'autorité, il reste encore quelque chose, sinon à examiner, au moins à apprécier. On sait à quoi s'en tenir sur la moralité des révolutions; et, depuis trente ans, qu'un je ne sais quoi, que les passions appellent fatalité, nous en donne de périodiques, on a écrit à leur sujet des homélies fort édifiantes. Mais au fond de cette éloquence, il faut toujours chercher le fait : ç'en fut bien un positif que ce mouvement du mois de novembre 1799, dont une petite circonstance décida le premier choc et amena les dernières conséquences. Trois ou quatre complots s'ourdissaient, se croisaient, s'embarrassaient. Il y avait la faction des démagogues qui voulait la république sans chef, et le parti des républicains qui ne croyait pas la liberté perdue pour en avoir un. Il y avait après cela la conspiration des avocats qui demandaient un Trente Prairial ; la conjuration des généraux qui parlaient d'un Treize Vendémaire, et un complot mixte qui aurait désiré un Dix-Huit Fructidor. Enfin, il y avait la coterie de Moreau, auquel ses amis donnaient dans le salon le titre de dictateur, et la brigue de Bonaparte qui attendait le sien du succès.

Mais pourquoi tant d'ambitions éveillées et tant de sauveurs suscités à l'état ? c'est qu'apparemment l'état faiblissait. Or, une république naissante qui faiblit est bien prête à périr. Suivant la locution reçue, le Directoire *laissait flotter les rênes* dans ses mains tremblantes. Par une conséquence forcée, c'était à qui les lui disputerait : d'abord, c'était à qui les lui remettrait fermes, sauf à demander la récompense d'un tel service. On trouva plus simple que l'objet de ces soins en devînt le prix.

Il faut avouer que le Directoire méritait cette humiliation : c'est dire qu'il méritait sa chûte ; car, en France, que faire d'un gouvernement humilié ? Celui-ci, avec une assurance bien digne d'hommes de loi qui croyent pouvoir disposer du sabre, comme ils manient la plume, avait donné à Schérer celui que Bonaparte avait planté pour limite à la coalition. Schérer était un bon homme, aussi capable de gagner une petite bataille, que de perdre un grand pays. C'est ce qu'il venait de faire bravement. A la vérité Masséna à Zurich avait un peu raccommodé les affaires ; mais celles du Directoire étaient perdues dans l'opinion ; et quoique ses autres généraux tinssent en bride ceux de l'Autriche sur le Rhin, comme on supposait que d'un moment à l'autre le fleuve pourrait être passé et la France envahie, ç'en était assez, ç'en était trop pour décider un mouvement.

Notez que le plus grand nombre de ceux qui ont remué la France depuis sa révolution se sont cru justifiés par cette circonstance : vous laissez toucher au pays; donc vous ne savez, ou ne voulez, ou ne pouvez le défendre : comment pourriez-vous le sauver ?

Ces argumens, qui ne sont point sans réplique, étaient depuis six mois adressés sur tous les tons au Directoire par la démagogie en fureur, par le royalisme plein d'espérances, sans doute aussi par tant d'autres opinions qu'il n'avait pas su concilier et par tant d'intérêts qu'il avait dédaigné de satisfaire.

Du sein de ces discors, vous entendez hurler l'anarchie. On en était là quand Bonaparte descendit, comme d'un nuage. Un chœur de louange l'escorte de Fréjus à Paris; mais de ces hymnes, mêlés d'imprécations contre les destructeurs de notre gloire, les refrains étaient des demandes en amélioration. Or, quelle amélioration réclame un peuple qui se désorganise et un gouvernement qui se dissout?

A Paris, le général devient le dépositaire de toutes les confidences, l'avocat consultant de toute les questions politiques. Son caractère n'était pas ignoré; par quelle fatalité s'en remettre donc à lu du salut commun? Il y avait mille à parier qu'i s'en chargerait. Nous ne demandions pas mieux s'écrient ici tous les partis : mais fallait-il qu'i abusât? Non, sans doute, selon vos vues et selo la morale. Mais ne savez-vous pas que la petit morale des passions tue la grande morale des inté rêts publics? et quand un ambitieux s'opiniâtre à s regarder comme le pivot de ces intérêts, dites-mo que devient la morale?

Savez-vous ce qu'il fallait faire le 17, po qu'il n'y eut pas de lendemain 18? Suivre le con seil d'un humble subalterne qui, au milieu d tous ces yeux troublés par la peur, avait conserv sa clairvoyance. Si la majorité est dans le nombre s'était-il dit, trois directeurs sur cinq forment majorité. Or, cette majorité a les sceaux, occupe le palais et commande à la garde : donc elle a l'autorité, donc elle est le Directoire. Eh bien! qu'un ordre, auquel il est impossible de se refuser, mande le général suspecté, et que quatre balles fassent raison du conspirateur. C'est un coup de révolution retorqué contre un révolutionnaire, et dont il n'aurait à se plaindre, que si on le manquait. En matière de conspiration, la ruse commence, la force achève, le succès légitime.

Ces maximes à l'usage des vainqueurs, l'honnête majorité les ayant repoussées, furent accueillies par la minorité moins scrupuleuse, laquelle, comme chacun sait, se composait d'un vieil abbé, qui parle peu et dont on parlait beaucoup, et d'une espece d'arpenteur-géomètre, dont on ne disait rien du tout. Mais Brennus avait jeté son épée dans la balance ; et la conspiration enhardie venait de donner rendez-vous à ses victimes dans Saint-Cloud. Voilà la petite circonstance déterminative dont j'ai parlé, et sans laquelle, ou il y aurait eu ajournement d'époque ou changement de héros. En effet, le 19, pendant qu'un bataillon de grenadiers jetait par la fenêtre les représentans du peuple, Moreau attendait ou l'ordre de les dissoudre ou l'invitation de les protéger. Restés à Paris, ils auraient subi un changement tout autre. Eut-il été plus favorable à la liberté? Il faut le croire, car jusqu'à sa réconciliation avec Pichegru, Moreau n'a point haï la France. Mais comment l'aurait-il gouvernée ? Comme il conspira : avec les intentions de Coriolan et les moyens de Louis-le-Débonnaire.

LIVRE SECOND.

PREMIÈRE PÉRIODE DU CONSULAT.

CHAPITRE PREMIER.

Changement que détermine dans Bonaparte le changement de sa position. Le Fait étant tout pour lui, c'est au Fait et à ses conséquences nécessaires qu'il réduit la révolution de Brumaire. Coup-d'œil sommaire sur l'état actuel de la civilisation. Bonaparte veut substituer aux anciens ressorts des gouvernemens des mobiles plus conformes au temps. Des vues qu'il conçoit et des moyens qu'il prépare pour les besoins de la France, sortira une vaste démocratie menée par une dictature.

Tout change dans l'homme qui vient de tout changer. Nous venons de le voir mené par une révolution qu'il va mener à son tour. Ses complices d'aujourd'hui ne l'en croyent encore que le chef ; il ne consent à le devenir, que pour s'en faire demain le maître. Il n'a oublié ni Henri de Valois, chef de la Ligue, ni Cromwell, maître des puritains. Répétera-t-il celui-ci ? C'est ce qu'il n'a point décidé encore ; mais certes, rien dans lui ne reproduira l'assassin des Guises.

Il faut laisser déclamer ceux qui jugent des intentions par les événemens : comme ils ont deviné Bonaparte consul dans Bonaparte général, ils n'ont pas manqué de découvrir dans le chef du consulat l'autocrate de l'empire. Et nous aussi nous pouvons opposer des faits aux conjectures. Si l'usurpation de Brumaire était un acheminement prévu au despotisme, pourquoi prit-elle la livrée républicaine? Un sénat, des tribuns, des consuls, des préfets : ces mots exhumés des vieux tombeaux romains, n'étaient-ils que des amorces? Mais les institutions dont ils furent les étiquettes, ne présentaient donc que des piéges également tendus sur la route de la révolution et sur celle de la contre-révolution? C'est en effet ainsi qu'elles ont fini ; mais il a fallu quinze ans pour corrompre leur nature et les détourner de leur objet. Distraction faite du moyen, qui sans pouvoir se justifier par des précédens, y trouvait au moins des exemples, le 18 Brumaire fut un mouvement militaire appliqué à une conjuration civile : Bonaparte, qui en était le bras, avant d'en devenir l'âme, le disposa comme une campagne et l'emporta par une manœuvre. Lorsqu'il fallut le commencer, il en démontra la nécessité ; et quand elle fut terminée, aux principes qu'on réclamait, il opposa le Fait.

Le Fait, répétons-nous ici, c'est tout Bonaparte, son caractère, son génie guerrier, sa monarchie. Les Droits de celle-ci furent la victoire et l'opinion. Sa base fut le peuple, son auxiliaire l'armée, son instrument la révolution. Il s'agissait, après le 18 Brumaire, de disposer ces divers mobiles.

A la suite d'une révolution tentée contre l'ancien système social, il y avait nécessairement deux partis : celui qui soutenait cet ancien système, celui qui avait cru le renverser. Delà deux opinions, ou pour mieux dire, deux intérêts, puisque les intérêts ne sont que des opinions transformées. Delà, nécessairement aussi, lutte opiniâtre et mutuelle, et succès alternatifs. Si, durant quelqu'intermittence, un gouvernement né de la lassitude et inauguré comme essai, avait permis à l'un de ces partis de se montrer, à tous deux de se menacer long-temps et de se mesurer quelquefois, n'était-ce pas un symptôme de faiblesse et une preuve d'incapacité ? Tout gouvernement devant lequel les factions deviennent insolentes, doit tomber et faire place à celui qui les enchaîne. Le procès du Directoire et les succès de Bonaparte sont dans ces principes conservateurs. Alors, comme on en convint, il ne détrôna que l'anarchie.

Indépendamment des affections qui doivent se taire dans un gouvernement, quel devait être l'objet de celui-ci ? Cent opinions bigarrées, divergentes et contradictoires tiraillaient les esprits : il fallait, je ne dirai pas les neutraliser, mais leur donner un mouvement convergent et un centre commun. La révolution, qui avait brisé tant d'intérêts anciens, en avait bien suscité quelques nouveaux : il s'agissait d'en créer d'avantage, et surtout de les consolider, en admettant à leur jouissance les anciens dépossédés comme les nouveaux aspirans. Assis à une table commune, il est clair qu'ils ne la quitteraient pas pour renouveller le combat des Lapithes. Le principe de la révolution, l'égalité, était retrouvé dans son terme : il ne fallait plus que le perpétuer par des institutions.

Malgré ses formes variées, le pouvoir ne peut se puiser qu'à deux sources : dans la majorité plus ou moins étendue, ce qui donne la démocratie personnelle ou la démocratie représentée ; dans la minorité plus ou moins resserrée, ce qui produit l'aristocratie plus ou moins nombreuse, et l'unité. Celle-ci est de sa nature absolue, puisque l'autorité résidant dans une seule volonté n'éprouve ni opposition, ni contre-poids. L'aristocratie est nécessairement arbitraire, parce que les olygarques qui font les lois, étant égaux en droit et inégaux en facultés, l'exercice plus ou moins excessif de celles-ci, n'est contenu par aucune barrière. Quant à la démocratie, elle ne saurait ne pas être turbulente ; car, exercée par le grand nombre que son usage exalte habituellement, elle donne à la loi un caractère passionné et à l'exécution de la loi des formes brusques, saccadées et violentes.

« La civilisation du monde, jusqu'ici soumise à l'une de ces natures politiques, a plus ou moins joui de leurs avantages, s'est plus ou moins ressentie de leurs inconvéniens, selon et à mesure qu'elle-même s'est perfectionnée. Avec les échanges de l'industrie, multipliés par les découvertes des arts et les produits de l'agriculture, sont nés des idées d'égalité, suscitées par les transactions, des désirs de liberté civile inspirés par l'indépendance morale, et un besoin d'ordre motivé par celui de la conservation. Tout ce qui se passe dans une maison de commerce s'est développé très en grand sur l'échelle sociale. Celui de ses degrés qui s'est soumis à l'unité, a vu ceux qui l'occupent silencieux, obéissans, paresseux et tranquilles : telle une direction fait manœuvrer ses employés. Plus d'activité, moins de sécurité, une oppression moins intense, mais plus flétrissante, ont été le partage du degré que j'assimile à une société administrée, au lieu d'être gouvernée ; l'émulation, quelquefois l'envie, la multiplicité des projets et la hardiesse des entreprises, une vie active et souvent agitée, ont du être celui d'une association qui a pour lien l'égalité, pour objet le bonheur, et qui vivifiée par la liberté, risque de périr par la licence. Chaque période de l'histoire, chaque parage de l'Europe présentent ou successivement, ou à la fois, ces diverses combinaisons avec leurs variétés. Il en est une cependant qui semble avoir échappé aux hommes d'état, comme aux publicistes, et qu'il n'appartenait qu'à un fondateur de tenter. Bonaparte l'essaya.

Jusqu'ici, s'était-il dit, trois ressorts ont fait mouvoir les états : la crainte à Constantinople, l'honneur à Venise, la vertu dans l'Helvétie. Une secousse qui ébranla le monde, a pu déplacer ces mobiles artificiels : il faut les suppléer par des sentimens moins apprêtés et plus accommodés au siècle. Remplaçons la mystérieuse terreur du visirat par l'admiration pour le prince ; l'orgueil sénatorial par l'émulation de la gloire, et la factice austérité des démocrates modernes par le patriotisme et l'égalité. Pour obtenir, de ces ressorts combinés, d'immenses résultats, que faut-il ? de grandes, de fortes institutions. Elles donneront à la France toute l'énergie de la centralité, tout l'ascendant de la gloire, toute la dévorante activité du civisme. Par elles, la France conserve et étend sa supériorité sur l'Europe, et prend l'initiative de la nouvelle civilisation. Ainsi sa révolution, d'excessive, de criminelle qu'elle fut dans ses voies, retourne à la pureté de son principe, et après s'être souillée en renversant l'ordre social, elle se légitime, en le régénérant. Tel doit être son terme, et tel doit être aussi le but de celui qui ne s'est rendu son chef, que pour devenir son maître. Ce qui sortira de ses mains est une vaste démocratie menée par une dictature.

Mais cette dictature aura ses abus et cette démocratie ses excès! Ceux-ci seront tempérés dans l'intérieur par les travaux de l'industrie, par les spéculations du commerce ; au dehors , par les migrations militaires : ceux-là trouveront leur justification dans la nécessité des nouveaux établissemens, et leur excuse dans le prestige de la gloire; pourquoi ne pas ajouter dans les bénéfices de la conquête? La fin d'une révolution, qui en exaltant les passions sublimes, a aussi remué les passions cupides, n'est pas la fin de ces passions même : une politique prévoyante doit leur donner le change et assouvir par des réalités leur appétit éveillé par des illusions.

Les têtes étroites prétendront que je contente les intérêts aux dépens des vertus; qu'à la liberté, but avoué de la révolution, je veux substituer la guerre; et si, par respect pour l'opinion, je m'explique avec elle, on dira que je cherche à la dépraver par des sophismes. Mais pour que les vertus ne soient pas compromises, ne faut-il pas que les intérêts soient positifs? Une philosophie rêveuse peut désirer que la liberté soit un but; mais la politique n'y voit qu'un moyen : l'objet est la grandeur de la nation, la force de ses établissemens et la prospérité de ses membres. Il vient un moment où désespérant d'arriver à ce terme par la liberté seule, on est contraint d'y marcher par la guerre ; et peut-être ce moment est-il arrivé. Que demande aujourd'hui le peuple français ? ce qu'il demandait en 1789, c'est-à-dire, ce qu'il a toujours demandé, depuis qu'il y a des distinctions flétrissantes et des priviléges vexateurs : l'égalité. Ce que l'orgueil des Français, leur vanité, si vous voulez, repousse avec horreur, c'est l'humiliation. Tout gouvernement tomberait, qui voudrait relever l'hiérarchie des castes ; tout gouvernement réussira, qui ne verra dans la nation qu'une famille, et dans les bénéfices, comme dans les charges publiques, qu'un héritage à partager fraternellement.

Nous allons assister au développement progressif de ces vues, dont le succès pouvait être arraché à la faveur des circonstances, mais dont la longue et solide existence avait besoin, selon les conjurés de Brumaire, de s'appuier sur les garanties suivantes.

CHAPITRE II.

Après un retour rapide sur l'expédition d'Égypte, on explique les motifs du succès de la nouvelle révolution. Jusqu'alors les constitutions n'ayant pas eu de garanties, elles n'ont dû ni satisfaire l'opinion, ni durer. C'est au contraire sur des garanties que reposera la constitution qu'on prépare. Mais quelles sont ces garanties ? elles sont au nombre de quatre : 1°. la réforme dans la religion dominante ; 2°. la division des grandes propriétés ; 3°. l'extinction de toute noblesse féodale ; 4°. le changement de la dynastie régnante, ou, dans cette dynastie, la substitution du gouvernement constitutionnel à la doctrine de droit divin et de l'obéissance passive.

Il faut que je revienne un instant sur des faits connus. Les premiers succès de Bonaparte en Égypte avaient été suivis de longs revers ; outre ceux qu'amènent les chances ordinaires de la guerre, il en éprouvait de particuliers à cette expédition. L'armée française ne pouvait ni s'acclimater, ni se recruter, et elle souffrait d'autant plus que ses conquêtes, vains trophées de son courage, semblaient devenir un obstacle à la civilisation. Grossièreté d'intelligence, opiniâtreté de résistance, fanatisme ardent, c'étaient-là des barrières que ne pouvait franchir toute l'industrie sociable des Européens. Il en résultait, du côté des indigènes, une antipathie haineuse, qu'une police énergique comprimait sans doute, mais à laquelle elle ne pouvait substituer la bienveillance. Enfin, sous plusieurs rapports capitaux, le but de l'entreprise reculait de jour en jour, lorsque son chef reçut des nouvelles d'Europe. On a imprimé qu'elles étaient de Sieyes; ce qui serait fort indifférent, si l'on n'avait pas ajouté qu'à la suite du tableau des nouveaux événemens, elles renfermaient le plan, ou du moins le projet de la conspiration qui devait en arrêter le cours. Tout cela est faux. Les frères du général, l'un membre du conseil des anciens, l'autre de celui des cinq cents, entretenaient avec lui une correspondance aussi suivie, que le permettait la difficulté des communications. Celles qu'il reçut d'eux vers la fin d'août, et dont une partie lui était arrivée par Malte et l'autre par Smyrne, décidèrent son départ. Ce n'est pas le lieu d'examiner, si ce voyage, devenu nécessaire pour la France, était un crime en Egypte; encore moins de réfuter la fable d'une condamnation capitale prononcée contre le général déserteur, et qu'il aurait reçue à Paris, précisément le jour où il pouvait la braver impunément : ces petites particularités anecdotiques, que pourtant la curiosité des siècles discutera, disparaissent devant l'importance des considérations qui nous occupent.

Du 16 octobre, jour où Bonaparte, débarqué le 9 à Fréjus, entra dans Paris, jusqu'au 9 novembre suivant, on peut dire qu'il fut le centre des conspirations. Nous avons remarqué, qu'après avoir vérifié que la plupart étaient bien loin de mériter ce titre sérieux, il s'était emparé de ce qu'elles offraient de possible, avait ordonné leurs vues et s'en était fait le mobile. Le mouvement opéré, sa position le rendait arbitre de ses résultats.

On était entouré de débris qu'il ne fallait pas tous écarter, mais dont il fallait faire un choix. Celui des institutions n'était pas le plus difficile. Mais la plupart, jusque là s'étaient écroulées, faute de garanties. La commission légative ne procéda à la rédaction du nouvel acte constitutionnel, qu'après en avoir discuté un certain nombre, dont nous exposerons les quatre principales.

Toute main, dit-on, peut faire une révolution : pour cela, il ne faut que frapper et abattre; toute plume peut tracer une charte constitutive : il ne faut pour cela, qu'imaginer et écrire. Mais, des ruines qu'une révolution a faite, élever un édifice commode, solide et régulier; mais appuyer cet édifice, que nous nommerons constitution, sur les bases fixes des garanties : voilà ce qu'il est donné à peu d'hommes d'exécuter, parce que c'est l'œuvre de la prescience et du génie.

D'où vient que trois constitutions, nées de la

révolution, sont mortes à l'essai ? C'est que loin de reposer sur des garanties, elles semblaient n'avoir été faites que pour les contrarier. Pendant le peu de temps que ces constitutions ont vécu, la lutte s'est ouverte entre les garanties et elles : il y allait de l'existence des unes ou des autres ; et comme la matière des garanties, indestructive par sa nature, a d'autant plus de véhémence, qu'on lui refuse plus d'issue, elle a dû se manifester par des explosions. Pour prévenir celles-ci, multiplions les voies.

Mais que doit-on entendre par la matière des garanties ? Tout ce que l'opinion appuyée sur le temps, éclairée par l'expérience, signale comme nécessaire, et démontre comme possible. De ce nombre étaient une réforme dans la religion dominante ; l'extinction de la noblesse féodale ; la division, par voie lente, progressive et légale des grandes propriétés ; le changement de la dynastie régnante, ou, dans cette dynastie, la substitution du gouvernement constitutionnel à la doctrine du droit divin et de l'obéissance passive.

En ce qui concerne les améliorations religieuses, il s'agissait moins de porter dans les différentes parties du culte dominant des mesures destructives, que d'y introduire une tolérance universelle. La foi, le dogme, le rit même, doivent toujours rester en dehors de la politique, et par le même motif, dans l'intérieur des temples; mais la hiérarchie, la discipline, tout ce qui forme la décoration religieuse appartiennent à la police; et cette police exerçant indifféremment sur elles son action uniforme, réduit bientôt à l'égalité de protection les prétentions variées.

Quant à cette réforme que le progrès toujours croissant des lumières sollicite et amènera, comme elle doit être à la fois le complément et la rectification de la réforme du seizième siècle, l'autorité ne peut s'y immiscer que lorsqu'elle en sera énergiquement pressée par l'opinion. Jusque-là, qu'elle seconde celle-ci par voie d'influence et d'insinuation, mais qu'elle repousse, comme nuisibles autant qu'injustes, tous moyens coërcitifs. Toutefois, qu'elle reste persuadée qu'elle trouvera longtemps dans les prêtres des communions intolérantes, des hommes qui se croient consciencieusement obligés d'être ses ennemis, parce qu'ils se regardent théologiquement comme ses rivaux ; et que la révolution politique n'étant que le développement de la réforme religieuse, ces deux mouvemens doivent se fondre et se résoudre ensemble.

La tolérance, que réclame l'une, l'égalité, que veut l'autre, ne permettent plus qu'il y ait des distinctions héréditaires, encore moins de priviléges féodaux. En admettant donc que, dans quelques occasions rares et pour des motifs patriotiques, on convienne qu'il est utile de *déclarer nobles* certains citoyens recommandables, il faudrait bien se garder de composer de leur collection un corps de noblesse. La noblesse, (que les gens à préjugés, ainsi que l'autorité, se le tiennent pour dit!) la noblesse n'existe que dans l'opinion, ne doit être que personnelle et viagère, et ne saurait se transmettre qu'avec les qualités qui l'ont acquise. Jadis, par un préjugé long-temps respectable, on supposait qu'avec son sang, le brave avait légué sa bravoure; et, par égard pour les apparences, le fils du brave, dès son adolescence, entrait dans la carrière honorée par ses aïeux. Mais lorsqu'on eût remarqué que très-souvent un lâche était le fils d'un héros, comme un sot était le fils d'un homme de génie, le préjugé des races s'affaiblit; et les mœurs scandaleuses des nobles achevèrent de l'éteindre. Puisque rien ne saurait le ranimer, si des considérations tirées de l'utilité publique conseillaient au pouvoir d'employer ce qu'il a laissé de tolérable, il faudrait que, sans avoir la prétention *de faire des nobles*, il se contentât de *déclarer* tels ceux que l'opinion a déjà proclamés; peut-être faudrait-il qu'il substituât à ce titre suranné, et, s'il faut le dire, avili, une qualification plus analogue au temps; enfin, et nous insistons sur ce point, il faudrait que cet honneur ne fût jamais un privilége et ne devint jamais un patrimoine. La noblesse ne doit être qu'une couronne civique.

Spécifier comme un des principaux complémens de la révolution et comme une des garanties qu'elle exige la division des propriétés, c'est autant s'éloigner de la coupable et dangereuse loi agraire, que se rapprocher de cette philantrophie usuelle qui appelle à la communauté des jouissances ceux que l'ordre social appelle à la communauté des travaux. Cette division, nous la voulons lente, progressive et surtout légale. Le partage *des vaines pâtures et communes* vient d'admettre les indigens et les paysans à un commencement de propriété, qui opère sur leurs facultés l'effet qu'elle opérera toujours, je veux dire l'émulation, la cupidité et le désir de s'étendre. Delà les échanges, l'industrie, la circulation et le placement des capitaux; delà des améliorations graduelles dans l'agriculture et un accroissement successif et rapide dans les propriétés. Les séquestres, que peut-être la morale condamne, mais dont la politique exceptionnelle profitera, présentent dans leur morcellement, un fond pour long-temps inépuisable de richesses, dont la plupart demeuraient inertes dans les mains de leurs nonchalans propriétaires, et qui, sous l'active exploitation des nouveaux acquéreurs, s'augmentent chaque jour d'une quantité de valeurs relatives. Ce sont ces valeurs qu'il faut amplifier encore, en excitant la fécondation des fonds qui les procurent : en d'autres termes, en encourageant les échanges, les mutations, les aggrégations mêmes des propriétés ; car de l'excès de celles-ci, lorsqu'elles ne sont frappées ni de droit d'aînesse, ni de retrait, ni de substitutions perpétuelles, ni de tributs exhorbitans, sortent nécessairement des partages continuels et un morcellement indéfini.

Nous arrivons à la quatrième condition exigée par la révolution, non-seulement pour toucher à son terme, mais pour ne pas manquer son résultat désiré, l'amélioration universelle : nous voulons parler des déterminations relatives à une dynastie éventuelle. Ici, disaient les hommes d'état qui composaient la commission législative de Brumaire ; ici, nous entrons à la fois dans les domaines du possible et de l'improbable. Tout indique que les formes républicaines imprimées à l'administration, vont perdre de leur expansion et de leurs aspérités ; mais rien ne fait soupçonner, qu'en se repliant sur elles-mêmes, qu'en s'adoucissant, elles décident dans l'état, cette métastase politique qui substitue aux volontés de tous le pouvoir d'un seul : il y a loin de la concentration des ressorts à leur réduction à l'unité. Dans cette hypothèse néanmoins, (car c'est par des inductions du passé que le législateur s'empare de l'avenir) que ceux aux mains desquels cette unité serait confiée, se persuadent bien, que le mouvement révolutionnaire ne s'arrêtera, quant aux personnes gouvernantes, que par leur entrée spontanée dans l'esprit du siècle. Cet esprit, mû par une impulsion de soixante ans, exige impérieusement l'abnégation de l'arbitraire et le respect pour le positif. Ces théories ne passeront à la réalité et ne prendront de consistance que dans un système pleinement représentatif. C'est pour en avoir méconnu l'essai ou altéré l'esprit, que tant d'ambitieux maladroits ont cessé de gouverner. Ils ne gouverneraient pas six mois, ceux que la force d'événemens imprévus porteraient à leur succession, si, comme leurs devanciers, ils résistaient aux principes. (1)

Mais cette supposition gratuite est également injurieuse à la nation, comme à ceux que leur énergie viennent de faire ses sauveurs, et que le concours des circonstances appelle à son gouvernement. La volonté de l'une, la résolution des autres est d'éteindre pour jamais ce foyer flagrant au sein de la France, et qui menace l'Europe. Pour arriver à ce résultat, il ne serait pas très-sûr que le rétablissement de l'ancienne royauté fût le moyen le plus prompt et le plus efficace. (2) Avec son nom, révéré lorsque quelques monarques l'illustrèrent,

---

(1 et 2) C'est ce qu'a parfaitement compris le prince qui nous gouverne, et l'événement justifie chaque jour la sagesse de sa politique. Avec la Charte qui change pour jamais le régime de l'absolu et lui substitue un système représentatif, le pouvoir du trône est assuré, parce que la liberté du peuple est garantie.

on pourrait craindre de voir reparaître le cortége des abus que d'autres princes faibles ou pervers firent pulluler à l'abri de leur trône. Ne promenons pas le peuple français dans un cercle sanglant de crimes et d'erreurs. Échappé aux ravages d'une révolution qui dans l'uniforme du guerrier qui la maîtrise, vient de prendre la robe virile, que la France se repose, croisse et se fortifie à l'ombre des lois, fruits de son expérience et expression de sa volonté. C'est dans ce stable milieu, qu'évitant également les convulsions de l'anarchie et les attentats du pouvoir absolu, elle s'élèvera au plus haut point de gloire et de prospérité.

CHAPITRE III.

Sans approuver les violences de Brumaire, la nation applaudit à l'utilité de ses conséquences, et surtout elle en profite. La constitution, préparée par de véritables hommes d'état, est présentée à la sanction du peuple, qui la vote à la presqu'unanimité. Analyse exacte de la constitution consulaire, dite de 1799. Remarques générales sur ses principales dispositions. Il résulte de cet examen et de ces courtes observations, que l'esprit du gouvernement tend évidemment à la centralité. C'était aussi la tendance générale, après une révolution qui avait dispersé, non-seulement les instrumens du pouvoir, mais les élémens de la société. Toutefois, il y a loin d'un ordre politique concentré, à l'usurpation de la souveraineté par un seul; et Bonaparte, quoiqu'unitaire et positif de caractère, continuait de paraître républicain d'opinion.

Telles furent les pensées sur lesquelles Bonaparte, en s'emparant du gouvernement, promena sa longue vue d'aigle. Ses ennemis d'aujourd'hui, qui sont pour la plupart ses amis d'autrefois, assurent que, dans ces pensées et dans celles de la commission, ils pressentirent, dès-lors, les intentions de l'absolu et entrevirent cette semence de tyrannie qui depuis a si bien fructifié. Nous leur demanderons dans ce cas, pourquoi, pour déclamer contre tant de maux prévus, ils ont attendu qu'ils se fussent réalisés; pourquoi ils n'ont insulté au despotisme, que quand le despote ne distribuait plus ni cordons, ni places, ni pensions ; et pourquoi ils n'ont découvert que la royauté est salutaire et la légitimité vénérable, que depuis qu'il n'y a plus ni danger, ni gloire à démontrer combien la vénération due à l'une aurait accéléré le salut promis par l'autre ?

La nation, qui ne ressent pas cette indignation posthume, n'éprouva pas ces terreurs prématurées. Sans approuver les violences du 18, elle profita de leurs conséquences. Elle était humilié, et plus malheureuse encore par les craintes de l'avenir que par les chagrins du présent. La pire situation pour un peuple n'est pas le mal qu'il souffre, mais le mal qu'il redoute : c'est que la douleur accueille toute espèce de remède et que l'inquiétude n'en admet aucun.

Aussi le remède violent d'une nouvelle révolution fut-il imposé à la France à son insu ; mais la crise décidée, ses premiers effets furent universellement applaudis. Hormis un petit nombre d'hommes à principes, qui ne pardonnèrent pas l'outrage que les principes venaient de recevoir ; hormis un nombre plus petit encore d'esprits défians ou d'intelligences pénétrantes qui, dans cette brusque invasion du pouvoir, craignirent et devinèrent la tyrannie, tous, au contraire, ne virent, dans le 18 Brumaire, que la fin des tiraillemens qui fatiguaient la France. Cette journée, qui avait terminé plus d'une proscription, n'en avait causé aucune. On était excédé de cette plate et fausse politique du directoire qui, sans force pour refréner les partis, sans générosité comme sans adresse pour leur donner le change, ne savait que les mettre aux prises, les déchaîner l'un contre l'autre et prendre pour ses victimes ceux qu'ils lui avaient mutuellement désignés. Cette bascule machiavélique, si opposée à nos mœurs sincères, tenait éloignés du gouvernement tous les hommes loyaux; ils s'en rapprochèrent sur-le-champ, lorsqu'à l'aspect de ceux qui se présentaient pour le régénérer, ils crurent reconnaître le talent réuni à la force et d'excellentes intentions garanties par de louables antécédens.

Quels étaient en effet les homme que Bonaparte avait adjoints à son entreprise? La plupart avaient promis des gages à la renommée, tous en avaient donné à la liberté. Parmi le grand nombre de ceux dont les noms furent encore remarqués près du nom qui les éclipsait tous, nous nous contenterons de citer ceux de Cambacérès, de Lebrun, de Talleyrand, de Fouché, de Maret, de Lucien, de Berthier, de Sieyes surtout, l'âme invisible du nouveau système qui allait se développer, et le père putatif de la nouvelle constitution.

En jetant sur cette constitution un coup-d'œil même rapide, le publiciste y trouva tous les linéamens de la république, mais l'homme d'état avait moins de peine encore d'y découvrir ceux de la monarchie. Sous le titre de *consuls*, trois personnes, élues par un sénat, sur une *liste* qualifiée *nationale*, exerçaient les fonctions de gouvernement. Celles du pouvoir exécutif plus strictement parlant, appartenaient au *premier consul*, qui d'ailleurs possédait beaucoup d'autres attributions particulières, soit honorifiques, soit prépotencielles. Un corps de quatre-vingt membres inamovibles et à vie, âgés de quarante ans au moins, devait exercer, avec le titre de *sénat conservateur*, trois attributs également distincts, également importans : par le premier, outre ses propres membres qu'il choisissait sur la triple candidature du corps législatif, du tribunat et du premier consul, le sénat élisait sur la liste nationale, les consuls, ainsi qu'on vient de le dire, et de plus, les législateurs, les juges de cassation et les commissaires à la comptabilité. Dans l'exercice du second attribut, il prenait des délibérations de deux sortes, et ayant chacune des caractères essentiels et un objet séparé. Les unes, sous l'intitulé de *sénatus-consultes*, pourvoyaient à l'administration générale de la république; les autres, sous celui de *sénatus-consultes-organiques*, statuaient sur sa composition statistique et sur son organisation politique. Des droits inhérens au troisième attribut du sénat, sortaient, avec la connaissance nécessaire des actes qui lui seraient déférés comme inconstitutionnels par le tribunat ou par le gouvernement, le maintien ou l'annullation de ces actes. Il est à remarquer que les délibérations du sénat étaient moins obligatoires que facultatives; que les objets de ces délibérations ne se classèrent que par une sorte de jurisprudence graduelle introduite par le temps; et que les qualifications mêmes de ces actes n'était point énoncées dans la charte constitutionnelle, elles ne le furent formellement que par le sénatus-consulte-organique du 16 thermidor.

Le pouvoir légatif se composait du gouvernement, qui, par son conseil d'état, proposait la loi; du tribunat qui, après l'avoir discutée, en votait l'adoption ou le rejet; du corps législatif qui statuait sur cette adoption ou sur ce rejet, mais au scrutin secret, et sans aucune discussion de la part de ses membres. Remarquons que la proposition de la loi, faite au nom du gouvernement par des conseillers d'état, était soumise à la discussion simple et directe des tribuns, et qu'envoyée au vote définitif des législateurs, elle passait de nouveau par l'épreuve de la discussion contradictoire des orateurs du tribunat et du conseil d'état.

Le tribunat était composé de cent membres, âgés de vingt-cinq ans, renouvellables par cinquième tous les ans, et rééligibles tant qu'ils demeuraient sur la liste nationale.

Trois cents membres, âgés de trente ans au moins, composaient le corps législatif : ils étaient renouvellés par cinquième tous les ans, et rééligibles seulement après une année d'intervalle. Il devait toujours se trouver parmi eux un citoyen au moins de chaque département de la république.

Le conseil d'état, dirigé par les consuls, avait deux fonctions distinctes : par la première, il rédigeait les projets de loi, et nommait, parmi ses membres, des orateurs chargés d'en soutenir la discussion devant le tribunat et le corps législatif; en exerçant l'autre, il résolvait les difficultés qui pouvaient s'élever en matière administrative.

Les ministres, nommés par le premier consul, procuraient l'exécution des lois et des réglemens d'administration publique.

Une loi annuelle déterminait les recettes et les dépenses de l'Etat.

Les déclarations de guerre et les traités (de paix, d'alliance et de commerce) étant proposés, discutés, décrétés et promulgués comme des lois, il s'en suivait que les levées d'hommes demandées par le gouvernement, ne pouvaient avoir lieu que par un acte de la puissance législative. Toutefois, comme la loi de la conscription ne fut point abolie par la constitution consulaire, dont elle devint au contraire un principe organique, c'était le sénat qui, sur l'initiative du premier consul, accordait les contingens annuels ou extraordinaires.

Des juges temporaires ou à vie, de premiere instance, d'appel ou souverains rendaient la justice, d'abord au nom du peuple français, puis plus tard au nom du gouvernement représenté par le premier consul : c'étaient les juges de paix, élus immédiatement dans chaque arrondissement communal, par les citoyens, pour trois années ; les tribunaux de premiere instance et les tribunaux d'appel, dont une loi, dans la suite, détermina l'organisation, la compétence et le ressort ; un tribunal de cassation exclusivement chargé de prononcer sur la violation des formes dans les procédures, sur le renvoi du fond aux tribunaux qui en devaient connaître, sur les demandes en réglemens de juges et sur les prises à partie contre un tribunal entier.

Une haute cour, composée de juges et de jurés, les juges choisis par le tribunal de cassation et dans son sein, les jurés pris sur la liste nationale, était instituée pour juger les ministres, les agens responsables de l'autorité et les fonctionnaires publics mis en accusation.

Parmi ces derniers, les sénateurs, les législateurs, les tribuns, les consuls, les conseillers d'état n'étaient point responsables. Leurs délits personnels ne pouvaient être poursuivis devant les tribunaux ordinaires, qu'après qu'une délibération du corps auquel le prévenu appartenait, aurait autorisé cette poursuite.

Quant à la responsabilité des ministres, elle était précisée dans trois circonstances, 1°. lorsqu'un acte signé par eux, était déclaré inconstitutionnel par le sénat; 2°. lorsque des lois et des réglemens d'administration publique avaient souffert dans leur exécution; 3°. lorsque des ordres contraires à la constitution, aux lois et aux réglemens avaient été donnés par eux. Dans l'un de ces trois cas, le tribunat dénonçait le ministre, que le corps législatif, après l'avoir entendu, déchargeait de l'accusation ou envoyait en jugement.

Dans ces règles imposées à la responsabilité ministérielle, on remarque comme beaucoup trop favorable aux agens de l'autorité, la clause nécessaire d'une décision du conseil-d'état, pour qu'il fut permis de les poursuivre. De leurs complices présumés, ou du moins possibles, faire leurs juges, n'était-ce pas tenter la justice et leur garantir trop souvent l'impunité?

Quelques dispositions générales consacraient la liberté individuelle et lui présentaient des garanties conservatrices : elles assuraient le droit de pétitions individuelles; déclaraient la force armée essentiellement obéissante; décernaient des récompenses aux guerriers et des pensions à leurs veuves et à leurs enfans; établissaient un institut chargé de perfectionner les sciences et les arts; créaient une commission de comptabilité pour régler et vérifier les comptes des recettes et des dépenses de la république; assujétissaient les colonies à des lois spéciales; interdissaient formellement et sans aucune exception possible le retour des émigrés, et déclaraient leurs biens irrévocablement acquis à la république; ces dispositions enfin reconnaissaient comme légale et immuable l'aliénation des biens nationaux, quelle qu'en soit l'origine, sauf les tiers réclamans à être, s'il y avait lieu, indemnisés par le trésor public.

Une disposition exceptionnelle parut étrangement placée dans la charte des libertés générales; par cette disposition, dans le cas de révolte à main armée, ou de troubles imminens, la loi, ou même un simple arrêté du gouvernement, pouvait suspendre dans des lieux et pour un temps déterminé, l'empire de la constitution.

On accueillit avec gratitude la conservation du jury, partagé en jury d'accusation et en jury de jugement; mais on eût désiré que cette belle institution, au lieu d'être limitée aux matières criminelles, fut étendue aux matières correctionnelles, et surtout aux délits de la presse. On ne manqua pas d'observer, quant à cette dernière garantie (je veux dire la liberté de la presse), que loin d'être clairement stipulée dans l'acte constitutionnel, elle n'y était pas même nommée; il en était ainsi de la liberté de conscience, du libre exercice des cultes, de l'égalité devant la loi : toutes sûretés dont on avait coutume de trouver au moins le protocole dans chacune de nos constitutions successives, et que quinze ans après Bonaparte proclama tardivement en présence de l'Opinion. (*Acte additionnel, titre 6.*)

La publication et la première lecture de cette constitution lui furent favorables. Un mois venait de s'écouler depuis la révolution qui avait remplacé l'anarchie constituée du Directoire par l'autorité consulaire; et ce court espace, rempli par une foule d'actes réparateurs, avait fait taire les craintes et ranimé les espérances. Par assentiment tacite, mais presqu'universel, on était convenu de fermer les yeux et la bouche sur les violentes irrégularités du 18 brumaire, et c'était des actes qui devaient en émaner qu'il attendait la légitimité. La constitution nouvelle sembla d'abord la lui mériter. Dans la proclamation dont les consuls provisoires l'accompagnèrent, ces magistrats disaient qu'elle faisait cesser les incertitudes d'un gouvernement provisoire, ce qui fut senti par tout le monde, moins parce que c'était l'énoncé d'un fait, que parce que cet énoncé, qui en effet dissipait les inquiétudes, permettait aux différens partis de nouvelles espérances et assuraient aux diverses opinions de solides points d'appui. A l'époque où parut la constitution consulaire, la nation sans doute était lasse, et ne demandait que le repos de la liberté sous la loi; mais pour être fatiguées de leur lutte mutuelle et excédées par l'inutilité de leurs efforts, il ne faut pas croire que les factions fussent découragées : en combattant pour des intérêts, c'est leur existence qu'elles défendent; elles crurent pourtant ici ne jamais mieux la défendre qu'en suspendant le combat. Cet acte constitutionnel, que la nation accueillait comme fondé, selon l'expression des consuls, sur les vrais principes du gouvernement représentatif, chaque parti le reçut comme une transaction provisoire entre toutes les prétentions plus exigeantes que des droits. Dans la formation de la liste nationale, les démagogues crurent retrouver les élémens démocratiques que la bourasque avait dispersés, mais qu'une bourasque contraire pouvait rassembler ; les royalistes, en comparant les élémens monarchiques qui entraient dans la composition de l'autorité, calculèrent à jour fixe le retour du régime absolu. Vainement les consuls avaient dit : les pouvoirs que la grande charte institue, seront forts et stables, tels qu'ils doivent être, pour garantir les droits des citoyens et les intérêts de l'Etat; vainement ils disaient aussi : la révolution est fixée aux principes qui l'ont commencée, *elle est finie;* que font aux minorités séditieuses l'intérêt de l'Etat et les droits des citoyens? Une révolution n'est pas pour elles un affaire de principes, mais une spéculation passionnée, et cette révolution n'est jamais finie, tant que ces passions spéculantes ne sont pas assouvies.

Tandis que la commission législative présentait à l'acceptation du peuple français le nouvel acte constituant qui devait fixer ses destinées; tandis que de tous les points de la république il s'empressait de le sanctionner par plus de trois millions de votes approbatifs contre une minorité de moins de seize cents refus, un petit nombre d'esprits, que l'inflammation de l'enthousiasme n'avait pas gagnés, qui n'étaient ni chatouillés par l'amorce de la nouveauté, ni séduits par un avenir, dont le passé au contraire les rendait défians; ces hommes sages, ces citoyens désintéressés de tout, hormis du patriotisme, livraient à une investigation plus pénétrante, à un examen plus détaillé et plus réfléchi, cet acte capital qui devait à la fois, comme le dieu Therme des anciens, opposer d'insurmontables barrières aux factieuses prétentions des deux régimes renversés et des appuis à nos récentes libertés. Afin même de déduire de cet examen une sorte de système conjectural, propre dès aujourd'hui à servir de préservatif, et bientôt peut-être de guide et de remède, ils le faisaient précéder de considérations, inspirées, à la vérité, par la circonstance du jour, mais qui n'en étaient que plus applicables aux déterminations du lendemain.

Cette circonstance, je viens de le dire, était la présentation de l'acte constitutionnel à la sanction du souverain. En comparant ce qui se faisait aujourd'hui avec ce qui s'était pratiqué dans deux occasions analogues, lors de l'émission de la constitution démocratique de 1793 et lors de la publication de la constitution directoriale de 1795, on reconnut dans la différence des formalités celle des époques. En 1793, les assemblées primaires furent convoquées : elles étaient, comme paraissait le vouloir l'esprit du moment, composées de tous les citoyens domiciliés depuis six mois dans le canton ; les suffrages furent donnés au scrutin, ou à haute voix, par *oui* et par *non* ; la majorité produisit la sanction. En 1795, tout Français ayant voté dans les dernières assemblées primaires, put donner son suffrage de la manière qui lui serait convenable. En 1799, rien ne parut changé dans l'objet, tout le fut dans les voies. La commission législative déclara « que le mode d'acceptation le plus convenable
» et *le plus populaire* était celui qui répondait le
» plus promptement et le plus facilement aux be-
» soins et à l'impatience de la nation. » En conséquence, des registres, ouverts dans chaque commune, furent déposés au secrétariat de toutes les

administrations, aux greffes de tous les tribunaux, entre les mains des agens communaux, des juges de paix et des notaires : les citoyens furent appelés à y consigner ou à y faire consigner leur vote, et purent choisir à leur gré entre ces divers dépôts.

A travers ce feint respect pour les formes *les plus populaires*, on saisit aisément l'intention de les anéantir. On fit la réflexion que la nation, morcelée par fragmens, et, en quelque sorte, dissoute en individus, ne formait plus le peuple souverain : c'est à la réunion des citoyens, autant qu'à la coalition de leurs intérêts, autant aussi qu'au concours de leurs volontés, qu'ils doivent ce caractère. Que les leçons de l'expérience aient conseillé d'en modifier l'usage, cela, loin de renouveller d'anciens inconvéniens, pouvait décider de nouveaux avantages ; mais quand il s'agit de travailler sur une matière aussi délicate, aussi irritable que l'opinion, en est-il qui ne balance le dangereux emploi de l'hypocrisie ? Le tact des Français est aussi rapide qu'il est vif : après s'être demandé pourquoi l'on se donnait la peine de les tromper, lorsque, sur un tel sujet, ils ne pouvaient plus être trompés, ils pressentirent que l'altération des formalités populaires entraînerait bientôt la destruction du fond démocratique. En cela, nous le répétons, l'esprit des gouvernés pouvait s'accorder avec les intentions secrètes des gouvernans en tant que ceux-ci, sous prétexte de prévenir l'abus ne détruiraient pas l'usage ; car aujourd'hui comme toujours le vœu national demandait à se manifester ; il le demandait par des voies franches, et suspectait les votes caduques et les registres à double emploi.

Bientôt l'analyse de la constitution offrit, dans ses innovations, des singularités qui livrèrent aux conjectures les esprits méditatifs. Ce ne fut pas sans un mécontentement profond qu'au mode d'élection directe, sans laquelle il ne peut y avoir ni liberté publique, ni système représentatif, on vit substituer cette *Liste nationale*, que j'ai souvent nommée et qu'il faut expliquer ici. Les citoyens de chaque arrondissement communal désignaient par leurs suffrages ceux d'entr'eux qu'ils croyaient les plus propres à gérer les affaires publiques : il en résultait une liste de confiance, contenant un nombre de noms égal au dixième du nombre des citoyens ayant droit d'y coopérer. C'est dans cette première *Liste communale* que devaient être pris les fonctionnaires publics de l'arrondissement. Les citoyens compris dans les listes communales d'un département, désignaient également un dixième d'entr'eux : il en résultait une seconde *Liste dite départementale*, dans laquelle devaient être pris les fonctionnaires publics du département. Enfin les citoyens portés dans la liste départementale, désignaient pareillement un dixième d'entr'eux : il en résultait une troisième liste (la *Liste nationale*) qui comprenait les citoyens de ce département éligibles aux fonctions publiques nationales. C'était dans cette dernière que le sénat élisait les législateurs, les tribuns, les consuls, les juges de cassation, les commissaires à la comptabilité. Chaque trois ans, les citoyens ayant droit de coopérer à la formation de l'une des trois listes, pourvoyaient au remplacement des inscrits décédés, absents ou retirés d'une liste par défaut de confiance.

Jamais système d'aristocratie active, mobile et perpétuelle, ne fut échelonné avec plus d'art et sous des apparences plus populaires. Le fond de cette notabilité semblait démocratique, en ce sens, que formé des citoyens de chaque arrondissement, il était à la fois la collection des intérêts privés et des opinions individuelles. Mais quoique le titre de citoyen eût été précisé par la constitution, qui même ne l'avait rendu ni difficile à obtenir, ni difficile exercer, qui répondait que cette obtention et surtout cet exercice subonnés aux agens de l'autorité, ne recevraient jamais d'eux ni modification ni altération ? Admettons toutefois que le cours des votes ait été complet et régulier : ne portant nécessairement que sur le dixième des premiers votans, réduit de ce dixième au centième par le second degré, et de ce dernier au millième par le troisième, ne concentrait-il pas sur un nombre exigu de candidats toute la puissance des suffrages et tous les avantages de l'élection? Cette aliénation triennale de leurs choix ôtait à l'opinion son influence et au peuple son libre arbitre; ces choix nécessaires et circonscrits privaient les élisans d'émulation et les électeurs de discernement; les candidatures perdaient peu à peu leur mouvement démocratique à travers la filière des trois degrés, et au dernier enfin, elles dégénéraient en pure aristocratie. Dans ce système, quel nom donner au sénat, lorsqu'on se rappellera que le droit de choisir sur la liste nationale avait été dévolu à soixante hommes d'abord nommés par deux consuls sortans, et deux consuls en exercice (le premier excepté); ensuite, que les vingt sénateurs voulus pour compléter ce corps ne devaient être nommés par lui que dans un laps de dix ans; de plus que ces nominations, bien que prises sur la liste nationale, étaient nécessairement faites sur les présentations du corps législatif et du tribunat, balancées et probablement effacées par celle du premier consul; enfin que le sénat, dispensateur des places que lui offrait la candidature des notabilités, était, à titre de conservateur, juge souverain de la validité de ces listes et de la capacité de leurs membres? Réfléchissez maintenant à l'ascendant probable que pourrait avoir le gouvernement, soit sur les sénateurs comme hommes privés, soit sur les opinions sénatoriales réunies; considérez plus sérieusement encore l'ascendant réel qu'exerce sur tout ce qui l'entoure le premier consul actuel, et calculez, s'il est possible, la somme présente d'influence remise entre ses mains et la somme éventuelle de puissance que la force des choses y amènera.

Ceux que l'apparence n'abuse point pénétraient ces dissimulations que l'amour du pouvoir avaient conseillées; les plus confians n'y voyaient que la nécessité de l'ordre et une voie peut-être oblique, mais infaillible, de calmer, de réduire l'effervescence démagogique, et d'offrir, en quelque sorte, à une matière en fusion incandescente, des canaux par lesquels, en se refroidissant, elle pourrait recevoir un écoulement moins dangereux. Avec le secret du caractère de Bonaparte, il n'était pas difficile de deviner celui de ses intentions; toutefois, rien ne prouve, qu'à cette époque, elles aient déjà cessé d'être républicaines; seulement, il voulait mener la liberté par cette centralité énergique qui se rapproche de la monarchie et qui peut favoriser le despotisme.

Cette pensée, qu'il avait, pour ainsi dire, enfouie dans les fondemens de sa constitution, se montre peu à peu dans les différentes parties de l'édifice, et enfin elle éclate au sommet. Dans la formation de la loi, on y voit que la proposition en appartient exclusivement au consulat; que sa discussion simple est l'attribut obligé du conseil d'état; que ses débats contradictoires doivent être soutenus par les orateurs de ce conseil en présence et contre le tribunat; que son vote privé de discussion nouvelle, mais précédé d'un rapport, est soumis à la délibération mentale des législateurs et à la décision de leur scrutin; enfin que l'examen de la matière législative et le contrôle de sa forme appartiennent au sénat, lequel, à titre de conservateur de la constitution, est chargé de coordonner l'une et l'autre avec sa lettre et son esprit.

A la première vue, ce mécanisme employé pour la formation de la loi parut ingénieux, rapide sans précipitation et parfaitement adapté à son objet. Qu'est-ce en effet, se demandait-on, qu'est-ce qu'un projet de loi? En dernière analyse, c'est une question à résoudre. Avoir fait de cette question un problème judiciaire, en transportant dans le sanctuaire législatif les formes contentieuses du barreau, n'est-ce pas avoir rencontré le moyen le plus prompt comme le plus décisif pour trouver la vérité? Le gouvernement présente le sujet de la loi qui, quelque compliqué qu'il paraisse d'abord, peut toujours se réduire à une courte formule; cette formule, développée par les orateurs de ce même conseil, qui en a combiné et coordonné toutes les données, est soumise à l'attaque analytique d'un corps constitué en opposition légale ; la discussion engagée a d'abord amené une controverse pour en éclaircir les principes, puis une plaidoyerie pour séparer le fait des points de droit; la matière législative arrivée à cette maturité, se réduit à son terme, comme elle s'offrit à son origine, à une question ; et c'est cette question que la conscience des législateurs, éclairée par tant de débats critiques, doit résoudre et juger. En deux mots, le gouvernement établit la matière et l'objet du procès; le conseil d'état, qui d'abord en a fait le rapport, les plaide par d'autres organes ; le tribunal lui riposte par ses avocats, et le corps législatif prononce comme juge.

Une telle apologie, spécieuse par quelques côtés, résistait difficilement à certaines objections. La plus puissante était celle-ci : vous partez d'une supposition, disait-on aux approbateurs, et cette supposition, on vous la conteste. La matière législative étant toujours d'un objet général, ne saurait se réduire à un point de fait. C'est le droit, ce sont les principes que propose, que défend, que peut attaquer, que doit résoudre le législateur. Nécessairement élevé dans la sphère des généralités, il n'a pas pour excuse de son silence, le danger des influences individuelles. N'est-il pas à craindre au contraire, que sous ce manteau silencieux, les influences personnelles ne s'exercent impunément ? Et si un jour la tyrannie prescrivait la loi, quel égide pourraient lui opposer des législateurs muets, dont le peuple, dans ce cas, calomnierait jusqu'au silence ?

» Quant au tribunat, n'est-ce pas pour que ce corps ne devienne pas le foyer d'une opposition populaire, qu'on l'a rendu le centre d'une contradiction légale ? Rien ne convient mieux au système de l'absolu, que ces obstacles arrangés, que ces contrariétés méthodiques, dont il a fourni lui-même la matière, dont il connaît la portée et peut neutraliser les efforts. Pour des yeux fascinés, ils représentent encore la liberté ; mais ils n'en sont que l'ombre. Une opposition véritable a pour caractère la spontanéité, parce qu'elle a pour véhicule des affections individuelles tendantes toutes à l'intérêt commun.

Dans la continuation de cet examen de la charte consulaire, on glissa rapidement sur l'adjonction de deux consuls au premier, parce qu'on n'y vit qu'un conseil privé, et dans l'autorité partagée et restreinte de ces magistrats que des fonctions. Celles du premier consul se présentaient sous la forme imposante du pouvoir : c'était la première fois, depuis le renversement de la monarchie, que cette métamorphose avait lieu. On la considéra aussi sérieusement qu'elle le méritait.

Par l'article 42 de l'acte constitutionnel, la voix du deuxième et du troisième consul n'est que consultative : après quoi, dit l'article, *la décision du premier consul suffit*. Cette petite clause, rejetée négligeamment à la fin d'une exposition des prérogatives des deux derniers consuls, réunit sur le champ dans les mains de celui qu'elle concerne toute l'action du gouvernement. A titre de premier consul, le chef de la magistrature consulaire promulguait les lois : ce qui lui laissait la faculté d'en étendre ou d'en restreindre la publication, soit pour le temps, soit pour l'espace ; il nommait et révoquait *à volonté* les membres du conseil d'état, les ministres, les ambassadeurs et autres agens extérieurs, les officiers de l'armée de terre et de mer, les membres des administrations locales, les commissaires du gouvernement près les tribunaux : ce qui mettait, non-seulement à sa disposition politique, mais sous *sa volonté* morale et privée, l'intérieur et l'extérieur de l'état, aussi bien que toutes ses forces. Qu'un chef inamovible, héréditaire, irresponsable, exerce, dans le cercle immense du pouvoir royal, la prérogative *de sa volonté* : ce privilége spécial, unique, s'il a quelque chose d'humiliant pour l'indépendance de la raison, entraîne au moins peu d'inconvéniens politiques ; n'en devait-il engendrer aucun sous un chef temporaire qui avait peut-être plus d'intérêt à incorporer l'état en lui par l'hérédité, qu'à s'identifier avec l'état par les lois, et qui pour marcher plus facilement au pouvoir souverain, avait besoin de créatures qui lui en préparassent les avenues? On aurait obvié à un attentat, d'autant plus possible qu'il pouvait être légal, en exigeant, pour la révocation des agens de l'autorité, une délibération préalable, à laquelle eussent concouru les deux derniers consuls. Cette formalité, qui n'entravait en rien l'action exécutive, est dans l'esprit des républiques ; la mesure adoptée retraçait la formule *du bon plaisir* de l'ancienne monarchie.

Cette monarchie semblait reparaître plus expressément encore dans le droit accordé au premier consul de nommer tous les juges criminels et civils. On sentait se reproduire ici la doctrine, *que toute justice émane du roi;* et s'effacer l'article 41 de la constitution directoriale qui attribuait aux assemblées électorales le droit d'élire les juges. Par cette circonstance, par celle des élections circonscrites à la liste nationale, et par les diverses prérogatives dont la constitution dotait le nouveau pouvoir exécutif, il était clair que les formes de la démocratie allaient être refondues dans une moule monarchique.

La décision suprême accordée au consul métamorphosait en sa seule personne tout le gouvernement : on a déjà vu, qu'en cette qualité, il proposait les lois et faisait les réglemens nécessaires pour assurer leur exécution. Au même titre, nous le voyons diriger les recettes et les dépenses de l'état; surveiller la fabrication des monnaies; pourvoir à la sûreté intérieure et à la défense extérieure de l'État; distribuer les forces de terre et de mer, et en régler la direction; se soumettre, par des réglemens d'administration publique, la garde nationale en activité; entretenir des relations politiques au dehors; conduire les négociations; conclure tous les traités de paix, d'alliance, de trêve, de neutralité, de commerce et autres conventions; faire rédiger, par le conseil d'état, les projets de loi et les réglemens d'administration publique; faire résoudre par lui les difficultés qui s'élèvent en matière administrative. A cette sphère d'autorité, d'autant plus puissante, que l'étendue n'en avait pas encore été mesurée, ni l'action exercée, si l'on ajoute, dans l'irresponsabilité qui abritait le consul, une sorte d'inviolabilité temporaire, on voit, qu'à la perpétuité près, ce magistrat rassemblait, dans ses seules mains, tous les pouvoirs de l'état; et ces pouvoirs, il faut en faire la remarque expresse, se ranimaient armés d'une intensité d'autant plus irrésistible, que, depuis long-temps ils avaient été énervés par leur dispersion, et que, dans la circonstance actuelle, ils semblaient se fortifier encore de tout ce que perdaient les droits nationaux.

Quel contrepoids la constitution opposait-elle à ce vaste développement de puissance? Quelques obstacles purement négatifs, dont cette puissance même, dans ses excès présumables ou ses écarts nécessaires, se ferait un jeu. Dans la direction des recettes et des dépenses, par exemple, le consul devait se conformer à la loi annuelle qui déterminerait le montant des unes et des autres : mais n'est-ce pas le consul qui, par l'organe du ministre nommé par lui, établissait le compte des dépenses et le bordereau des recettes? N'était-ce pas sur son initiative que le budget était alloué? On objecte le contrôle du tribunat et la surveillance conservatrice du sénat; comme si le tribunat, élu par le sénat sur la liste nationale, pouvait former d'autres oppositions qu'une opposition factice, dont l'effet serait nul, ou qu'une opposition réelle qui serait brisée! comme si, dans l'épanchement de sa tutèle conservatrice, le sénat pourrait oublier qu'il était l'ouvrage du consul, auquel il était à craindre, qu'en échange des richesses et des honneurs qu'il en recevrait, il ne consacrât un aveugle dévouement!

Je citerai un second exemple : le ministre chargé de l'administration du trésor public ne pouvait rien faire payer qu'en vertu d'une loi ou d'un arrêté du gouvernement. On demandait si un arrêté de cette nature ne devait pas être pris en exécution de la loi de finances, et s'il pouvait être hors de ses dispositions ? Sortir des limites imposées par elles, n'était-ce pas se rendre coupable de concussion ? Mais les membres du gouvernement n'étaient pas responsables.

Toutefois, cette responsabilité, à laquelle échappaient les consuls, atteignait les ministres signataires de leurs ordres, si ces ordres étaient inconstitutionnels, et cette précaution avait été offerte aux amis de la liberté comme garantie contre l'arbitraire. Mais le système de la responsabilité ministérielle n'est admissible, ni juste, que comme conséquence de l'inviolabilité royale. Les agens qui en acceptent la charge, jouissent dans ce cas des bénéfices, dont le plus important pour eux, est la faculté du refus. Mais était-il bien nécessaire que les agens consulaires usassent de cette faculté, puisque ceux de l'ordre subalterne trouvaient un recours contre la responsabilité, dans l'article 75 de l'acte constitutionnel, et que les agens supérieurs, c'est-à-dire les ministres, pouvaient braver ses menaces et éluder ses atteintes, en voilant leurs opérations les plus illégitimes de formes irréprochables ?

Où se prononce d'une manière tranchée le passage de l'administration directoriale au gouvernement consulaire, c'est dans l'article 46 de la nouvelle constitution, relatif aux conspirations contre l'État. Comparez les dispositions de cet article à celles de l'article 145 de la charte directoriale : c'est le même objet, et presque la même rédaction; mais quelle opposition diamétrale dans l'esprit de l'un et de l'autre ! Prévenus du crime de détention arbitraire, (attentat énorme dans les républiques, où une atteinte à la liberté individuelle est un délit contre le souverain), les directeurs sont passibles des peines que ce crime emporte ; convaincu du même acte, qui n'est plus un crime, quand il en est l'auteur, le premier consul présente à la vengeance des lois un signataire responsable, et se réfugie sous l'inviolable bouclier de sa propre irresponsabilité.

Il faut se résumer sur les observations critiques auxquelles la constitution consulaire donnait lieu. En avouant qu'elle trouvait tout à la fois son motif et sa justification dans les excès dont la France était fatiguée, on craignit que ce changement de position ne la jetât dans des excès contraires. On repoussait de toute l'horreur d'une sensation encore récente les troubles meurtriers de l'anarchie ; mais on rejettait aussi de toute l'horreur des souvenirs la seule pensée du despotisme. Avouons cependant que le système de la concentration des pouvoirs recrutait chaque jour d'honorables partisans. Mais c'est précisément que dans cette concentration, ils croyaient trouver un gage de véritable liberté, une garantie contre l'arbitraire. Dirai-je que le premier consul pensait alors comme eux ? En posant, probablement sans calcul ultérieur, les pierres d'attente de son despotisme, il cédait à la fois à la circonstance et à son caractère, fortifiés l'un par l'autre. Quel singulier concours ! l'anarchie qui déborde et un bras vigoureux qui demande à s'exercer. Si vous ne voulez pas que le lion, qui naguères rugissait, perde ses forces et sa fierté aux pieds du Crotoniate, ne les mettez pas en présence dans la même arêne.

CHAPITRE IV.

Différence essentielle entre la théorie politique qui constitue l'autorité et la statistique pratique qui institue une nation : on écrit l'une dans un temps donné ; l'autre se fait par le temps. Etat de la société, lors de l'organisation de la constitution de 1799. Elle était en décadence et presque en dissolution. Il fallait la reformer et, par un ordre méthodique, lui rendre la solidité. Trois classes doivent composer le corps des nations modernes : les *Terriens*, les *Industriels*, les *Lettrés* : ces trois classes ont pour principe et pour terme la propriété, fond et gage de toute association. C'est donc en facilitant les moyens de production et de consommation dans ces trois classes, qu'on les introduira successivement quoique temporairement, dans la nation propriétaire. Tel fut l'objet général du gouvernement consulaire : son chef le saisit d'abord et y tendit. Mais des fractions contrariaient ses desseins. Plusieurs partis se présentent ou pour les réduire ou pour les employer. Il se décide à se les rendre utiles en les attachant à la révolution ; et pour les y rattacher, il crée de nouveaux intérêts ; car les partis n'étant que des passions transformées, il ne s'agit que de les assouvir.

Pour la première fois, depuis qu'il respire, Bonaparte est au centre de son caractère, et son caractère au centre de sa situation. L'un va se dilater avec énergie, l'autre se déployer avec rapidité, et cette dernière, assujétie à son mobile, recevoir du génie, qui dévance le temps, la fécondation et la régularité. En exerçant ainsi toutes ses riches facultés, ce sont toujours les principes républicains qu'il professe, et c'est déjà le despotisme qu'il essaie.

Pour un esprit de cet ordre, une constitution écrite n'est qu'une théorie. Dans cette table des matières, où l'on a prescrit ce que souvent l'on ne fera pas, Bonaparte lit ce qui reste à faire. Ce qui restait à faire à l'époque que nous retraçons, c'était tout. Bonaparte, en l'exécutant, veut mériter le titre qu'il vient d'obtenir. Les consuls romains, selon le décret proverbial, *pourvoyaient au salut de la république;* le consul français veut aussi pourvoir au salut de celle qui lui est commise; mais pour sauver la république actuelle, n'en faut-il pas créer une autre?

L'imagination de cet homme est vaste, elle est féconde ; mais elle l'est moins que sa judiciaire, qui la réprime, n'est fine, pénétrante et vigoureuse. De l'une et de l'autre combinées, résulte cette sève génératrice, dont le sage emploi cimente les empires, mais dont l'excès peut les dissoudre. Bonaparte n'en était encore qu'à la première période.

Il la commença en promenant sur tout ce qui l'entourait un regard scrutateur. Qu'y vit-il? un édifice ébauché sur des ruines, avec des débris. Il jugea que de tout cela il n'y avait à conserver que le terrain.

On commet une double erreur, premièrement,

en croyant qu'une constitution est faite, quand elle est décrétée; en second lieu, qu'une charte politique suffit pour constituer un peuple. Elle exprime ce qu'il est, elle détermine ce qu'il doit être; mais elle ne le fait pas. Les institutions qu'elle prescrit le dominent, sans l'organiser : c'est quelquefois du temps, plus rarement du génie, appuié sur la force, qu'il attend cette organisation. Une politique prévoyante, quoique commune, suffit pour constituer l'autorité ; il faut une raison supérieure pour instituer une nation. A l'aspect de la France, ces premières réflexions frappèrent le consul. En l'examinant, il se rendit compte de sa situation, se demanda les besoins qu'elle éprouvait, et y répondit par des institutions.

Dix années de révolutions ayant mêlé toutes les classes, il en était résulté une masse que plusieurs tentatives avaient égarée, mais que sa lassitude même tenait toute prête à recevoir l'organisation. Le peu d'esprit public qui animait encore cette masse fatiguée était le besoin du repos et la facilité de l'espérance; toutefois, au fond de ces doux sentimens, fermentait l'honneur national, qu'il fallait ménager.

Cet honneur avait fait la révolution, si la révolution n'est que le renversement des priviléges : il voulait donc en conserver les résultats, en annulant les privilégiés.

Mais pour les mieux annuler, il demandait qu'ils entrassent dans l'égalité. Par ses stupides anti-lois des Otages et de l'Emprunt forcé, le Directoire les avait tirés du niveau, et en leur décernant la prérogative de la persécution, il leur avait rendu les priviléges de l'infortune. Qu'importe qu'un homme soit distingué par ses malheurs ou par ses avantages? Ces derniers, du moins, ne lui valent pas la pitié, laquelle, de toutes les manières de rompre l'égalité, est la plus dangereuse, quand il s'agit de classes politiques.

Les seuls débris de ces classes existaient donc, et sous ces débris se remuaient des mécontentemens et quelquefois des efforts passionnés. En ne tenant aucun compte de ceux-ci, en s'occupant sincèrement des autres, il était probable qu'on obtiendrait pour résultat des embarras de moins et quelques amis de plus.

Des révolutionnaires qui avaient passé sur la France, les uns acharnés à démolir, l'avaient couverte de décombres; les autres, entêtés de bâtir, l'avaient chargée de constructions. Au milieu d'elles, le consul cherchait la société et l'État.

L'état présentait des fonctions transitoires et des employés éphémères : qu'importait à la nation d'être gouvernée par un comité de douze députés ou de cinq directeurs? En changeant de costume, ils n'avaient pas changé d'esprit; et c'était toujours la médiocrité, moins l'énergie, qui avait continué la révolution, moins les succès.

Si l'état n'était qu'un simulacre, il semblait

que le société ne fut qu'un souvenir et un projet. Dans ce qu'elle était autrefois, Bonaparte trouva bientôt ce qu'elle ne devait plus être aujourd'hui.

Quelques grandes bases appuyaient jadis tout l'édifice, ou plutôt étaient l'édifice même : c'était, en quelque sorte, une constitution statistique, que des liens moraux avaient cimentée dans l'origine, mais que des intérêts matériels, survenus à la traverse, démolissaient depuis cent ans. La maladie du siècle, la soif de l'argent, produisant des mésalliances dans la noblesse, la mondanité dans le clergé, les calculs dans la magistrature, la dissipation dans l'armée, tout préjugé d'honneur, toute religieuse direction, toute détermination équitable, toute bravoure héroïque, s'ils n'avaient pas entièrement disparu, du moins allaient s'affaiblissant : ces flambeaux s'éteignaient dans la boue de la cupidité. De la gothique illustration des grands, de la foi dévouée des prêtres, de la laborieuse austérité des juges, de la vaillance chevaleresque des hommes d'armes, il n'était resté que l'incurable orgueil, que la superstition sans fanatisme, que la routine fastidieuse, qu'une sorte de brutalité décorée du nom du courage qui ne manquera jamais aux Français.

Quelles que soient les causes de cette décadence, il en était résulté la corruption progressive des mœurs dans les hauts rangs de la société, leur altération plus ou moins sensible. dans les classes subalternes. En se reportant à l'époque, on se rappellera que, par une fiction politique, perpétuée de la féodalité, les nobles, les prêtres, les magistrats, les privilégiés, constituaient le corps national. L'état, dans lequel nous venons de le représenter, déterminait irrésistiblement ou sa dissolution par caducité, ou une révolution par énergie : or, où cette énergie s'était-elle réfugiée? avec les lumières, dans la classe moyenne; et ce fut cette classe moyenne, forte, nombreuse, sceptique et mécontente qui fit la révolution : mouvement légitime dans son principe, nécessaire à l'époque où il fut tenté, équitable dans son objet, et qui eut continué d'être aussi glorieux qu'efficace, si les résistances de l'égoïsme, stupidement opposées à l'action nationale, ne l'avaient livrée aux plus criminels excès.

A la voix du consul, ces excès s'arrêtaient ; il fallait que, sous sa main, les monstruosités qu'ils avaient produites, reçussent assez de régularité pour entrer dans le nouvel ordre social. Ainsi l'habile architecte choisit, dans l'édifice qu'il construit, la place où, pour le rendre plus solide, il en veut cacher les plus informes matériaux.

A l'avènement de Bonaparte, *l'ancienne nation dispersée* (je parle un instant l'idiôme féodal) avait fait place à une nation nouvelle ; et celle-là, nombreuse, riche, unanime, énergique, était la véritable. Ce fonds, comme l'on voit, était excellent ; mais il fallait savoir l'employer.

Aux illusions honorifiques avaient succédé les réalités de la propriété : donc les priviléges devaient être remplacés par des droits.

Mais comment fallait-il considérer la propriété ? comme un fonds commun, exploité par la double industrie des mains et de l'esprit. Le premier moyen de cette exploitation, et non son but, était l'argent réparti ; les moyens ultérieurs, les capitaux amassés pour l'achat, les échanges des terres, et tour à tour leur agglomération et leur morcellement.

On voit d'ici se partager la masse sociale en trois classes : les *Terriens*, ceux que j'appellerai *Industriels*, et les *Lettrés*. A parler exactement, ce sont plutôt trois points de vue, que trois classes, puisque, par trois voies différentes, elles aboutissent à la propriété. Comme c'est par la propriété seule que toute association s'est formée, c'est pour la mieux distribuer que toute révolution fut entreprise. Tel était spécialement l'objet de la nôtre. Bonaparte en crut poser le terme en la ramenant à son principe, l'organisation de la propriété, et en offrir les garanties dans une constitution plus forte que libérale qui eut bientôt pour premier élément électoral les cent citoyens les plus imposés de chaque canton. (Sénatus consulte organique du 16 thermidor an 10.) Nous examinerons dans peu si en haine des sermens démocratiques, il ne donna pas une assiette exagérée à la grande propriété, devenue ainsi légataire de toutes les aristocraties. Qu'il suffise de remarquer pour le moment, que, quelques mois après le 18 brumaire, toutes les fractions sociales qui venaient de retrouver un lien commun, se rapprochaient par cette force de cohésion qui crée ou reforme les nations. Quant aux corporations politiques, qui ne sont que l'autorité affectant diverses formes et exerçant différentes fonctions, il ne s'agissait que de placer, dans leur organisation nouvelle, un nœud à double étreinte qui les attachât par devoir au gouvernement et par inclination au peuple. Ce nœud, que la morale a tissu, indépendamment des sociétés, est la religion dans ses ministres, l'équité dans les magistrats, la probité dans les agens d'affaires, la bravoure dans l'armée. Hormis cette dernière, qu'il fallut toujours modérer en France, il y avait beaucoup à faire pour retremper les autres; et la conscience publique, qui se compose de ces purs élémens, est bien autrement difficile à refaire que la constitution.

Ces hautes méditations n'échappaient pas au génie naturellement investigateur de Bonaparte : toutes s'y présentaient hérissées de plus ou plus moins de difficultés, dont il ne cherchait pas toujours la solution dans la nature ou dans la situation des choses mêmes; il trouvait plus expéditif de la demander à son caractère.

Cependant ce fut la sagesse, plus que la volonté, qu'il consulta dans les déterminations qu'il prit avec les factions. Plusieurs plans s'offraient pour concilier leur existence avec celle du nouveau gouvernement, et je dis concilier leur existence et non l'anéantir; car, au terme d'une révolution, le vainqueur a plus besoin d'instrumens que de victimes. Ici se présentaient trois à quatre questions: ferait-on alliance avec les Jacobins contre les royalistes? non; parce que, sans parler de l'horreur attachée à cette secte, elle a pour maxime de rejeter sur ses alliés les dangers de l'attaque, de lui faire payer les pertes de la défaite et de s'adjuger les fruits de la victoire. Aurait-on recours aux royalistes contre les Jacobins? encore moins: ils sont peu nombreux, méprisés, et par désespoir, leur faiblesse, qui intrigue aujourd'hui, peut les pousser demain aux attentats. Que faire d'ailleurs d'une poignée d'aristocrates qui se dit la nation, et qui, au bout de dix années de leçons sanglantes, regardent encore le régime féodal comme le chef-d'œuvre de l'esprit humain? A la manière du Directoire, pèsera-t-on alternativement sur l'un et l'autre parti? Mais ce serait renouveler, et sans aucun espoir de réussite, ce lâche système de bascule, fatiguant pour ceux qui l'exercent, inquiétant pour les yeux qui l'observent, et qui, en multipliant les ennemis plus que les victimes, a l'inconvénient de toujours tout remettre en question. Un essai conciliateur, un système de fusion ne peut devenir proposable, que lorsque les haines, usées par le temps, permettront des transactions entre les intérêts. Veut-on, qu'en attendant que ces haines s'éteignent, elles s'endorment? Ce sont précisément ces tran-transactions qu'il faut favoriser. Mais où en sont les gages et la matière? Dans les mains du gouvernement. Qu'il crée partout de nouveaux intérêts, et bientôt les passions se tairont avec les besoins satisfaits.

Ce fut à quoi se décida le consul. Mais pour parvenir à s'assujétir les choses, il fallait choisir les hommes. Des ministères avaient été prescrits: ils furent occupés par des personnages que le talent distinguait, dont leur conscience politique donnait la garantie, et que ne recommandèrent ni l'intrigue, ni même l'amitié. Avec cette idée fixe dans la tête, que les hommes ne sont que des instrumens dociles au plus fort ou au plus adroit, Bonaparte tint sous son œil et plaça sous ses mains tous ceux qu'il avait faits ses manœuvres. Ainsi commença ce labeur de quinze années dont la postérité étudiera les traces, comme elle recherche celle des travaux romains.

CHAPITRE V.

Esquisse des principaux faits qui remplissent la première période du consulat temporaire : émigration pardonnée, anarchistes déportés, administration organisée. Entre les diverses factions qui agitent la république, quel parti prendra le consul ? celui de la sagesse, en créant de nouveaux intérêts pour chaque faction, et en l'attachant ainsi à l'intérêt général. Il substitue aux administrations électives, l'institution monarchique des préfectures ; crée la banque de France ; conclut, à la suite d'un concile national, et du rétablissement des cultes, un concordat où les libertés gallicanes ne sont pas sacrifiées aux prétentions ultramontaines. On remarque, dans son gouvernement, plusieurs superfluités et plusieurs lacunes : c'est l'inconvénient de la simultanéité ; c'était aussi celui du caractère de Bonaparte. Malgré cet inconvénient, la puissance de la création, l'esprit de vie se font sentir partout. Hiérarchie, indépendance et inamovibilité des tribunaux rétablies. Institution d'un conseil des prises, d'une chambre des avoués, du notariat. Projet du code civil. Législation commerciale, rurale et forestière. Bourse, chambres et conseils de commerce. Administration du trésor. Cautionnemens. Octrois municipaux. Régie de la poste aux lettres et des loteries. Recouvrement des contributions par douzièmes. Liquidation de la dette de l'État. Paiement des rentes et pensions. Création de la caisse d'amortissement. Organisation des douanes, des domaines et de l'enregistrement. Erection d'un ministère du trésor. Restauration de la marine et des colonies. Réorganisation de l'instruction publique, de l'Institut, divisé en quatre classes, des différens Conservatoires des arts et de l'industrie. Restaurations littéraires. Travaux publics, embellissemens, à Paris, et dans les principales villes de France et d'Italie. Ports creusés, routes formées, montagnes rendues praticables. Secours publics et à domicile. Hospices, manufactures et prisons. On se plaint que le gouvernement administre, au lieu de gouverner : réponse à cette objection. Réorganisation de l'armée. Les observateurs redoutent qu'il ne transporte dans le civil les procédés militaires. Plaintes fondées sur la nouvelle formation du jury. Création d'un ministère de la police et mécontentement qu'elle excite. Réflexions générales sur les premiers projets de la réforme criminelle. Exemple tiré de la procédure en Angleterre et de l'application des lois pénales.

Dans la philosophie de l'histoire, les faits n'en sont, pour ainsi dire, que le squélette ostéologique: c'est sur cette charpente que nous appuierons, de loin en loin, nos considérations. Voici d'abord ceux qui remplirent les deux premières années du consulat : c'était le noviciat de l'empire.

Les événemens l'ont partagé en deux périodes distincts : la première, commencée avec la restauration consulaire, finit à la paix de Lunéville; au terme de la seconde, nous trouverons le consulat à vie placé entre la Légion-d'Honneur et le concordat.

La France gardera long-temps le souvenir de ces premiers jours de sa résurrection. Tout paraissait alors réparation, espérance et bonheur. Avec la puissance, Bonaparte ne se permettait que la sagesse; au lieu de la politique, il exerçait l'humanité. La Vendée, que rallumaient des persécutions toujours renaissantes, fut désarmée par la tolérance : elle se rapprocha facilement d'une autorité qui lui retraçait son dogme politique et qui protégeait ses croyances religieuses. Le brigandage de la chouanerie fut réprimé. Jusqu'à l'époque prochaine d'une amnistie, les émigrés, en apprenant la clôture de la liste qui les vouait à la mort, commencèrent à reprendre le chemin de la France. Sans doute que plus d'un y rapporta sa haine contre les institutions nouvelles, ses regrets des abus renversés ; mais le plus grand nombre, il le faut avouer, bénissait le consul et embrassa sincèrement la patrie. Pourquoi, en se réjouissant du terme mis à cette ancienne proscription, eut-elle à gémir d'une proscription moins étendue sans doute, mais plus illégitime et plus cruelle, puisqu'elle fut à la fois illégale et innattendue ? On appliqua la peine de déportation à cent trente-trois individus pris, pour la plupart, dans cette classe d'insensés, déplorablement fameux sous l'odieuse qualification d'*anarchistes*. Cette peine, sollicitée par l'autorité gouvernante, fut décernée sans jugement, et par conséquent sans examen, contre le vœu et l'expression de la constitution, par le corps même que la constitution chargeait d'en conserver la lettre et l'esprit. Selon l'usage immémorial des proscripteurs, ceux-ci colorèrent du prétexte non prouvé de conspiration, une mesure aussi révoltante. Elle indigna tous les gens de bien. Sans consterner le parti sur lequel elle frappait, elle affligea ceux qui, dans la chûte du Directoire, avaient salué celle de l'arbitraire. Le crédit public fut ébranlé; la conscience nationale s'allarma, et l'importance des événemens qui se succéderent bientôt avec rapidité, suffit à peine pour diminuer l'anxiété causée par ce sinistre épisode.

Juspu'au 18 Brumaire, Bonaparte avait toujours montré le conquérant, souvent l'administrateur: alors, on chercha dans lui l'homme d'état. A ce titre il se présenta bientôt à l'opinion sous deux aspects. Législateur, il substitua aux administrations électives des départemens, des cantons et des communes, l'institution monarchique des préfectures, des sous-préfectures et des maires, formant, par trois degrés subordonnés, une hiérarchie administrative qui, au lieu de puiser l'autorité dans le peuple, ne l'exerçait sur lui, qu'après l'avoir reçue du gouvernement. A l'instar de la banque d'Angleterre, et bien supérieure à celle de Saint-Charles d'Espagne, il créa la banque de France, indépendante, par ses capitaux hipothéqués sur biens privés, de toute action du gouvernement, mais liée administrativement à son existence, par une spéciale protection. Huit années après, lorsque l'expérience eut démontré les avantages de ce grand établissement, l'empereur, en le consolidant par des statuts qui le rattachaient au système de ses institutions, acheva ce que le consul avait commencé. Aujourd'hui ce magistrat ne fait qu'en jeter les bases. Il faut remarquer parmi les plus importantes la conclusion d'un Concordat et la création d'une Légion-d'Honneur.

À la suite d'un concile, où éclatèrent à la fois les intentions conciliatrices du gouvernement et l'intolérance exigeante des prêtres, (car ce concile, après avoir déclaré en principes, 1°. qu'il n'y avait pas eu de schisme en France; 2°. que le clergé doit être soumis au gouvernement, sans attendre la décision du Pape, ne put jamais s'accorder sur les moyens, peut-être même sur la volonté de rétablir la paix et l'unité dans l'église gallicane,) un concordat, négocié à Rome, par Joseph Bonaparte et le cardinal Gonsalvi, offrit, dans la plupart de ses dispositions, une transaction supportable entre les prétentions ultramontaines et nos prérogatives gallicanes. Celles-ci y sont de nouveau reconnues; les autres y sont à peine ménagées. Dans la situation actuelle de l'église de France, déchirée par des intérêts politiques honorés du titre de schisme religieux, que pouvait faire le pontife, auquel une imprudente résistance eût arraché les restes de son autorité? s'adresser à lui, même pour y mettre des bornes, n'était-ce pas la reconnaître? Il suffisait d'une telle déférence, pour que la cour de Rome y rattachât l'espoir de sa puissance reconquise.

Telle fut toujours sa politique. La barque du pêcheur louvoye à travers les écueils, et ne déploye sa voile impérieuse, que quand la mer calmée lui permet de commander le salut à tous les pavillons.

Avec le concordat, qui rendait au consul la nomination des évêques, (de ces évêques élus depuis dix ans par le peuple, comme ceux de la primitive église) furent expressément renouvellées ces précautions et ces mesures de tolérance, qui sont aux croyances religieuses ce que l'égalité est aux intérêts politiques. Les cultes de la minorité furent admis à une paternelle protection : celui des Israélites, avec une sorte de prédilection délicate, qui compensait un peu les mépris dont ils furent trop long-temps les jouets. Le nombre des fêtes fut réduit, et en attendant qu'une raison plus haute, et une autorité moins timorée renvoyent à la police les affaires de l'église, du moins la religion romaine (qui n'est plus la douce et sainte religion du Christ), ne fut pas déclarée la religion de l'Etat.

Durant cette première époque de son consulat, je viens de le dire, Bonaparte ébauchait d'une main rapide, mais assurée, tous ces établissemens que nous vîmes se développer dans une courte période : la France énnivrée, y trouvait des motifs d'admiration et de reconnaissance ; mais, tandis que le patriotisme, affection de sa nature aveugle et confiante, applaudissait sans examen, des républicains défians croyaient saisir, dans l'idée-mère de ces institutions, je ne sais quelle arrière-pensée monarchique qui provoquait leurs scrupules, et éveillait leurs soupçons. Toutefois, en rendant à la grandeur et à l'utilité des conceptions de Bonaparte, l'hommage qu'on ne saurait refuser au génie, ou la justice qu'on doit à l'à-propos, on remarquait que, par une singularité qui est un des attributs de cet esprit, il joignait à des créations durables, certaines superfétations au moins oiseuses : comme s'il voulait ainsi dérouter les calculateurs sur le définitif de ses plans ; ou peut être seulement, comme si son intelligence, ennuiée de produire, se délassait en improvisant des superfluités.

Peut-être est-ce là d'ailleurs l'un des inconvéniens de la simultanéité : tous les coursiers attelés au char d'Alexandre n'étaient pas des Bucéphale. La simultanéité, l'un des caractères du génie quand il invente, n'est que trop souvent la manie de l'ambition, quand elle exécute : ce fut, durant quinze ans, celle de Bonaparte ; mais, si déjà il y préludait de manière à inquiéter les observateurs prévoyans, il faut avouer que, dans le spectacle de cette restauration universelle, la France trouvait un juste motif à son enthousiasme, puisqu'elle y trouvait aussi un ample dédommagement de ses pertes, et une surabondante compensation de ses ruines.

En effet, un esprit de vie jaillissait, pour ainsi dire, d'une source jusqu'alors inconnue, se distribuait avec abondance et pourtant avec économie dans toutes les parties du corps social : il en ranimait jusqu'aux dernières extrémités. Tout marchait de front : à la constitution se ralliaient toutes les opinions, à son exécution, tous les intérêts. La protection accordée aux cultes n'était plus une tutèle exigeante, et les secours cessaient d'être un aumône. En perdant quelques formes populaires, l'administration avait gagné de la force, et ce qu'elle ne possédait plus en indépendance, ses membres prétendaient qu'elle le retrouvait en célérité. L'hiérarchie des tribunaux, déterminée par l'acte constitutionnel, venait de les revêtir de majesté ; ils trouvèrent la consolidation dans l'institution à vie des magistrats. Un conseil des prises fut créé, une chambre des avoués fut établie, l'organisation du notariat essayée. Le projet d'un Code civil, résultat de l'expérience de tous les âges et des lumières des jurisconsultes occupait les savantes veilles des Merlin, des Cambacérès, des Treilhard, des Tronchet, des Portalis, des Pastoret. On ne négligeait ni la législation rurale et forestière, ni celle du commerce, signalée dès le commencement du consulat, par plus de facilités accordées à la circulation des grains, par l'institution des chambres de commerce ; celle plus importante des Bourses, et celle non moins nécessaire des conseils de commerce attaché à chaque préfecture. Plus tard fut publié ce Code de commerce qui comme le Code civil, et mieux que nos armes, trahies depuis par la fortune, a conquis une partie de l'Europe et gardé ses conquêtes. Nous avons déjà remarqué que l'ordre rétabli dans les finances avait commencé par l'établissement de la banque : celui d'un nouveau système administratif du trésor, ceux des cautionnemens et des octrois municipaux suivirent. La poste aux lettres et les loteries furent mises en régie. Le facile recouvrement des contributions par douzièmes fut introduit. Après tant de vaines promesses, on s'occupa réellement de la liquidation de la dette publique, pour laquelle un conseil fut institué, et le paiement des rentes et des pensions en numéraire commença. Une caisse d'amortissement, cette ingénieuse ressource des états obérés, s'organisa mieux qu'en Angleterre qui en avait formé le modèle. L'importante innovation du cadastre fut introduite ; une direction des douanes fut créée, l'administration des domaines et de l'enregistrement réorganisée, et ces beaux élémens de la régénération financière trouvèrent un centre commun, un mobile d'impulsion, et une garantie dans l'érection d'un ministère du trésor.

La marine, sinon ruinée, au moins dégradée et désunie, reçut dans diverses améliorations organiques, de nouveaux liens et une direction plus fixe. Le territoire maritime fut distribué en six arrondissemens : le service des ports et des arsénaux fut réglé, des constructions navales furent ordonnées. On substitua aux anciennes administrations des préfectures et un état-major des ports, lesquels coordonnaient cette partie au système de concentration récemment adopté. Il y eut aussi des grands juges pour présider les cours martiales; et nous avons déjà exprimé l'opinion générale sur l'utilité du conseil des prises.

Quant à ces colonies, que l'Angleterre ou des guerres intestines nous disputaient, on ne s'occupa d'elles que pour régler ce qui restait de disponible dans leur administration, en réservant pour des temps plus heureux les améliorations radicales. C'est ainsi que le régime civil et militaire de la Guadeloupe ne put qu'être indiqué; que le gouvernement des îles de France et de la Réunion ne fut que sommairement organisé, et qu'on essaya de transporter à Saint-Domingue, à la Guadeloupe, à la Martinique, à Cayenne et aux deux colonies africaines ces chambres d'agriculture qui prospéraient autour de la métropole.

L'instruction publique, plus altérée peut-être par de fréquentes tentatives de régénération qu'elle ne l'avait été par un ancien abandon, fut préparé à un nouvel ordre par des préliminaires pleins de force et de grandeur. Ce fut avec une reconnaissance mesurée au bienfait et à sa poétique sensibilité, que le corps des gens de lettres, des artistes et des savans vit organiser l'Ecole polytechnique, à laquelle les talens de ses professeurs présageaient des travaux imités partout et une célébrité partout reconnue ; il applaudit avec le même enthousiasme à la réorganisation de l'Institut, cette encyclopédie vivante et perpétuelle des connaissances humaines, dont le dépôt distribué, pour ainsi dire, en quatre réservoirs, devait suivre, dans leur épanchement, la filiation des idées et les besoins du siècle. La nation lettrée avait depuis long-temps reclamé l'épuration du répertoire des théâtres : elle fut ordonnée ; celle des artistes avait démontré l'efficacité d'une exposition publique et annuelle des produits de l'industrie : elle n'eut aucune peine à l'obtenir. A des époques très-rapprochées, on s'occupa de fixer définitivement la valeur du mètre et du kilogramme ; on établit des bibliothèques publiques dans les départemens et des bibliothèques particulières aux lycées ; on donna au régime des colléges plus d'uniformité; on organisa à la fois les écoles militaires, celles de médecine et de chirurgie, celle des arts et métiers. Enfin, après avoir prescrit un mode uniforme d'enseignement dans toutes les écoles publiques, on couronna ces premières ébauches de restauration littéraire, en ordonnant la formation d'un tableau quinquennal de l'état et des progrès des sciences, des lettres et des arts dans la république.

La littérature n'est, à quelques égards, que la décoration de l'édifice social : il est, dans cet édifice, un matériel qui frappe les sens, même grossiers, et qui la précédant souvent, s'accorde presque toujours avec elle. Nous voulons parler de ces travaux publics, dont les œuvres donnent, pour ainsi dire, un corps palpable aux pays qu'elles embellissent. Il ne faut qu'ouvrir les yeux pour se convaincre que ces travaux ne furent point négligés. Le consulat les fit naître dans Paris; l'empire les étendit jusqu'aux extrémités reculées de ses vastes frontières. Nous reviendrons sur ces dispendieuses entreprises, dont la magnificence servit plus d'une fois à cacher l'intention ; et nous ne dissimulerons pas que plus d'un monument sembla n'être élevé à quelques héros, que pour cacher sous ses trophées la foule des victimes.

Il en est pourtant, et c'est le plus grand nombre, que la nécessité réclamait et dont l'usage journalier démontre l'utilité. Tels sont ces quais immenses qui font couler dans un lit régulier des fleuves jusqu'alors vagabonds; ces ponts qui rapprochant des contrées ou des quartiers éloignés, ouvre au commerce de nouvelles communications, à la sociabilité des occasions plus favorables; ces canaux semblables aux méandres qui, avec le sang font circuler la vie dans nos veines ; ces fontaines s'élevant pour la décoration et jaillissant pour la propreté ; la construction de ces routes audacieuses qui applanissent les Pyrennées et les Alpes, et nous joignent par des liens, que la politique ne pourra plus rompre, aux peuples d'Espagne et d'Italie ; le rétablissement et l'entretien des chemins publics de Belgique et de France ; la réparation des digues du Rhin ; le creusement de nos principaux ports ; la construction de galeries couvertes dans les marchés, l'établissement si urgent de tueries, le percement si salubre de rues, et l'innovation, jusqu'ici projetée, des bains publics à Paris.

Dans ces entreprises, dont presque toutes ont été réalisées, on remarque un grand fond de libéralité exprimée par des formes imposantes : il en est ainsi des secours publics, calculés de manière à obvier aux besoins et non à irriter des desirs, à prévenir la mendicité, et non à la prolonger en la nourrissant. Ce double but paraît atteint dans le paiement des mois de nourrices des enfans abandonnés ; dans la distribution des secours à domicile ; dans celle des rentes affectées aux hospices ; dans les nombreuses places accordées aux pères et mères des militaires ; dans la fondation de cours d'accouchement ; dans les distributions hebdomadaires faites aux prisonniers; dans l'organisation des Monts-de-Piété.

Tous ces soins de détail, on le sait, ne font pas le gouvernement; mais, lorsqu'un gouvernement, qui n'est encore qu'un essai, succède à un gouvernement qui ne fut pas même une ébauche, est-il étonnant qu'il administre au lieu de gouverner? Celui-ci, pour tout mener, veut tout connaître : à ce symptôme, qui se manifestera souvent, on reconnaîtra l'homme qui datait le blocus des Iles britanniques de son bivouac pres Berlin, et qui signait au Kremlin les réglemens du Théâtre-Français.

Ceux que, dès le commencement du consulat, il donna aux armées étaient devenues indispensables. Après la proscription de Carnot, le matériel militaire avait été négligé avec scandale, l'administration relâchée et le moral découragé. De là, une discipline inexacte, un désordre sans cesse croissant, des revers qui semblaient irréparables. Nous verrons dans peu comment Bonaparte sut les réparer. Jusques là, il fallait réorganiser tous les services, épurer les anciens corps, en former de nouveaux, remplir les lacunes, diminuer les superfluités; il fallait, par un système plus méthodique, moins compliqué et surtout moins divergent de l'autorité centrale, donner à l'administration plus de rapidité, plus d'exactitude et de précision ; il fallait surtout retremper, par des honneurs, par des distinctions, par des récompenses, l'âme énervée du soldat; comme aussi il ne fallait plus le livrer aux privations exténuantes, causes du découragement et de l'indiscipline. En moins d'un an, toutes ces améliorations furent ébauchées, les plus importantes réalisées; et cette même armée qui fuyait naguerres devant Suwarow, cette armée que Joubert n'avait pu rallier, est prête à ressaisir la victoire avec l'offensive, et à s'indemniser, par l'Italie reconquise, des pertes sans honte que l'impéritie lui a causées.

Toute la terre sait trop que la guerre fut le côté brillant de Bonaparte ; la France apprit bientôt, que ce général, pénétré de cet esprit, en transportait souvent les procédés dans les affaires civiles. Je n'en suis point encore arrivé à l'époque où je puisse croire à ses intentions monarchiques; mais je crois qu'à des mains robustes accoutumées à manier des armées, il ne faut pas confier les rênes délicates et multipliées d'une république. A peine Bonaparte a-t-il saisi celles de la France, qu'il les froisse.

Parlons sans figure. Cette rigide activité qu'il mettait dans l'exécution, on vit avec chagrin qu'il ne la tempérait pas, ou la dissimulait mal, lorsqu'il s'agissait de méditer, de concevoir et de délibérer. Le changement apporté dans la nomination des jurés, dans la confection de leur liste, causa un mécontentement général. Le jury, dont l'élection est laissée au peuple, introduit, dans l'ordre judiciaire, la pensée et l'un des ressorts du système représentatif; car si l'opinion est l'âme de ce système, elle a besoin d'organe pour s'énoncer au barreau, comme il lui en faut pour s'exprimer à la tribune. Or, des jurés choisis par un préfet, ne sont pas plus les interprètes judiciaires de leurs concitoyens, que des agens nommés par le ministère ne seraient les mandataires du peuple.

La création d'un ministère de la police porta jusqu'à l'effroi ce premier sentiment désagréable. Sous ce titre, vague encore, on put imaginer tout ce qu'on redoutait et croire à tout ce qu'on imaginait. On se rappella que la police ne pouvait jamais être forte, que quand les loix étaient faibles, parce que l'arbitraire est en matière d'état le génie des sots, tandis qu'il faut du véritable esprit et plus encore de caractère pour être juste. Enfin, si à l'occasion de cette création, au moins inutile, on citait avec quelque reconnaissance le nom de d'Argenson, qu'un éloge de Fontenelle a rendu synonime de pénétration et de courage, on ne manquait pas d'y accoler ceux des Le Noir et des Sartine, dont la vertu n'eût pas autant à se louer.

Cette même vertu, qui alors encore était tempérée par la philantropie, éprouva un long frisson de terreur, à la publication des premiers essais du Code pénal. Ce ne fut que quelques années après que ce Code passa du projet à l'exécution; mais dès cette époque, il était livré à la rédaction secrète de ses auteurs, à la discussion familière du conseil d'état, et, par extrait à l'examen des feuilles publiques. Il eut autant de censeurs qu'il y avait de Français dignes de ce nom. En admirant la marche tout à la fois simple, rapide et concluante de l'instruction, on se révolta contre la fréquence, la sévérité et le peu de proportion des peines; on s'indigna peut-être plus encore contre ces imaginations ingénieusement cruelles qui semblaient n'avoir inventé des crimes que pour leur appliquer des supplices. Où sont donc, disait-on, les effets de cette philosophie indulgente qui, dans l'anatomie du cœur humain, assigna tant de fibres à la faiblesse, et si peu à la malignité ? supposer les hommes méchans, n'est-ce pas les inviter à le devenir ? Le but ultérieur des lois est d'adoucir les mœurs; et n'est-il pas à craindre que les nôtres, passagèrement détériorées par l'irritation des partis, ne contractent pour toujours ce caractère implacable et cette physionomie farouche qui épouvantaient dans les loix de Dracon ? On cite à tout propos l'Angleterre ; mais il vaudrait mieux l'imiter dans les loix criminelles, qui sont de tout pays, que dans sa constitution qui n'est peut-être que locale. Dans ces loix, quelle place occupe un accusé celle d'un malheureux qu'une action, jusqu'ici inexpliquée, embarrasse; qu'elle va délivrer ou perdre, selon l'explication demandée à un examen où il est le premier interrogé. Quels caractères déploie cet examen? ceux d'une indulgence paternelle. Le juge qui dirige l'instruction, ne fait pas tomber sur la tête déjà courbée du prévenu, des questions où la menace est renforcée par la forme interrogative; il se garde surtout de lui en adresser de captieuses, où triompherait avec une cruelle facilité le pouvoir armé contre un homme dans les fers. À chaque crise de l'interrogatoire, comme une mère qui voit son fils dans un sentier glissant, il exprime sa sollicitude, son anxiété même et dit à l'interrogé: prenez garde! Ce qu'on appelle en France le ministère public se croirait compromis, et surtout énervé, s'il prenait la défense des accusés; il ne se croit nécessaire, qu'autant qu'il les charge et éloquent que s'il les maltraite. Tel est le misérable esprit du code, que le génie militaire semble avoir dicté au génie de la révolution. Arrive-t-on au dénouement de ce drame lugubre, où le pouvoir impassible de quelques légistes cherche un coupable; ce n'est pas l'unanimité, mais la majorité qui le déclare; et quoiqu'une seule opposition doive, en bonne logique, contrebalancer mille voix, quand il s'agit d'évidence, la peine la plus grave est prononcée, comme si la manifestation d'une vérité irréfragable commandait la soudaine application d'une justice sans retour. Qu'arrive-t-il de là? qu'un vote unique peut envoyer à la mort un innocent; qu'il y en a sans doute envoyé, et que des crimes réels et irréparables ont été commis avec la déplorable persuasion qu'ils n'étaient point des crimes, mais des actes nécessaires pour maintenir l'ordre et venger la société. Voilà quelques-unes des observations que dictaient aux hommes raisonnables et sensibles les divers projets du code pénal : il est affreux d'ajouter que l'expérience en a confirmé la justesse, comme l'opiniâtre inflexibilité des gouvernemens en démontre chaque jour l'inutilité.

CHAPITRE VI.

Pourquoi les négociations avec l'Angleterre sont-elles refusées par M. Pitt. Avantages que Bonaparte tire de ce refus. Seconde campagne d'Italie. Armée de réserve. Passage du Mont-Saint-Bernard. Bataille de Marengo. Capitulation d'Alexandrie. Reddition de Gênes. L'Italie est restituée à la France. Situation politique de l'Europe. Le premier consul négocie avec autant d'habileté, qu'il a combattu avec énergie. Tout se dispose pour une pacification générale, que pourtant l'Angleterre se propose de troubler.

Tout marchait donc à la fois et du même mouvement, je le répète, en France et dans l'administration. En tête de leurs actes, le consuls continuaient à mettre *la république* et l'administration *les consuls* en tête des siens; mais l'opinion, disait *Bonaparte*. Aux yeux du peuple, il n'était peut-être encore que le premier des généraux; pour l'armée il commençait à devenir la patrie. C'est un malheur humiliant, quand les sentimens civiques prennent ainsi le change; mais le soldat réfléchit peu et sent vivement. Qu'était-ce pour lui qu'une abstraction à laquelle il était chaque jour sacrifié sans honneur comme sans profit? Qu'était-ce que cette singulière aggrégation de Cinq Hommes, pouvoir sans autorité, au nom duquel des chefs ineptes commandaient les revers, des administrateurs inhabiles ou infidèles prescrivaient les privations, et dont aucun ne montait à cheval! En était-il de même de Bonaparte? Celui-là avait fait ses preuves : il les répétait tous les jours; il était prêt à les recommencer.

En effet, il venait d'offrir la paix à l'Angleterre qui, en la refusant, ouvrait à la révolution et à lui une intarrissable source de succès. A cette occasion, on a voulu justifier M. Pitt, ou du moins l'expliquer, en attribuant ce refus à un calcul profond. Ce ministre, a-t-on dit, voulait, en déchaînant la révolution et Bonaparte contre l'Europe, les user l'un par l'autre; car il arriverait de deux choses l'une : ou que l'Europe refoulerait sur la France et écraserait son chef; ou que la France et le consul victorieux, mais insatiables même par la victoire, s'affaibliraient par la conquête et trouveraient leur défaite dans un succès trop prolongé. J'ai peur que ce dilême n'ait été prêté au fils de lord Chatam depuis 1814, qui semble l'avoir réalisé, toutefois peut-être moins au dépens de Bonaparte et de la France, que par la ruine de l'Europe, trois fois subjuguée, une seule fois victorieuse. Or, si tel eut été le but de M. Pitt, en rejetant la paix, je ne vois guère que les ennnemis de l'Angleterre qui s'en puissent réjouir, et les détracteurs de son ministre qui osent l'en féliciter.

Quoiqu'il en soit, ce ne fut pas sans un secret plaisir que le consul vit rompre les négociations : avec les honneurs de la modération, elles lui rendaient les dangers de la guerre; et pour lui, ces dangers avaient à la fois le charme qui plaît aux cœurs vaillants et l'amorce des difficultés. Celles-ci, en effet, se présentaient de toutes parts. Le consul n'y vit que des gages de succès. Il n'ignorait pas que, dans ce refus insolent, la nation avait cru recevoir une insulte qu'elle voudrait venger. Ce fut à sa fierté, à son courage qu'il en appela; et se plaçant ainsi dans la position la plus favorable pour un magistrat guerrier, il put disposer pour les combats de toutes les ressources civiles. Toutefois elles n'étaient immenses qu'en bonne volonté : les récoltes, peu abondantes, étaient de qualité médiocre; et l'agriculture, négligée dans un grand nombre de départemens, réclamait des soins et des bras. Nos plus importantes manufactures réduisaient chaque jour leurs produits à la mesure des consommations. Les transactions commerciales étaient suspendues avec l'étranger et peu multipliées à l'intérieur. Une alternative d'administration faible ou atroce avait ébranlé toute confiance; et lorsqu'un gouvernement prévoyant et ferme la faisait renaître, la guerre remettait tout en question.

Et quelle était cette question? dans l'état actuel

des choses, il s'agissait de la France, de sa révolution, de sa liberté, de son indépendance, de son honneur, de son salut : que dis-je ? il y allait de son existence. La convention de Pilnitz, que l'épée de nos triomphateurs semblait avoir déchirée, avait repris toute sa force par leur défaite. Les Russes gardaient les défilés des Alpes; Moreau et les généraux d'Allemagne n'osaient plus passer le Rhin ; et quoique la bataille de Zurich et la capitulation d'Alkmaër aient avantageusement balancé nos pertes, il fallait pour les réparer, que le Rhin coulât sous les lois françaises, et que Milan reconquis arborât de nouveau les couleurs de notre liberté.

Tel était le vœu de la France, et tel fut le plan de son premier magistrat. Dans toute circonstance, il eut paru vaste, mais possible à des armées conduites par Moreau et par Bonaparte : dans celles-ci, il sembla téméraire, et l'on appela gigantesques les moyens employés pour l'exécuter. Le consul garda le silence sur les objections, et se prépara à y répondre par des succès.

Je ne décrirai ni cette seconde campagne d'Italie, ni la célèbre bataille qui, en la couronnant, termina la guerre, ni la convention, plus extraordinaire peut-être, qui nous restitua tous les fruits de la paix. Presqu'au même moment, elle était arrachée en Allemagne, par des moyens sans doute moins inouïs, mais par une constance aussi opiniâtre, par des talens aussi prodigieux. Moreau, maître de la Souabe, venait de déployer à Mœskirch et à Bibérach les plus savantes manœuvres; et tandis qu'il acculait vers Ulm les Autrichiens étonnés de perdre l'offensive, Bonaparte la ressaisissait avec toute l'audace de son génie irrité par les difficultés.

Ce général en a tant dompté, aux diverses crises de son aventureuse carrière, que celles-ci, vues de la distance où nous sommes, peuvent nous sembler médiocres, surtout si nous les jugions par la promptitude que mit Bonaparte à en triompher. J'en ai déjà fait entrevoir quelques-unes. En insistant sur les autres, je me propose moins d'ajouter des éloges à ceux que mérite le patriotique et habituel dévoûment des Français, que quelques touches au caractère de leur chef.

Elevé sur le siége consulaire, il s'était dit : conserver est la science de l'homme d'état, acquérir est le talent du capitaine. Au temps qui ronge en silence, le politique oppose les lois; aux secousses qui démolissent avec fracas, le guerrier oppose la conquête. Si donc dans le même homme se trouvaient réunis le législateur et le général, que devrait-il faire? Non plus seulement conserver au lieu d'acquérir, mais acquérir pour mieux conserver. Ce qui serait un conseil dans des temps paisibles, devient un ordre pendant une révolution.

Celle de France s'éteignait à son foyer; ils en veulent reporter l'embrâsement à ses extrémités : que cet embrâsement retombe sur ceux qui le rallument. Ils ne veulent ni de la France tranquille, ni de la France prospère : ils auront la France prospère, quoique ce soit encore la France agitée. Mais elle ne l'est plus par une révolution qui la fatigue; elle va l'être pour défendre son résultat qui l'enrichit. Elle se battait naguères pour se conserver : il faut qu'elle se batte aujourd'hui pour acquérir; car ses ennemis ont voulu qu'acquérir ce fût encore pour elle se conserver.

La vivacité de l'action, répondra-t-elle à cette audace de la pensée? Oui, puisque c'est l'Angleterre qui provoque, et que c'est la France qui répond; oui, puisque ce sont les Français qui veulent se battre, et que c'est Bonaparte qui les mène au combat.

Mais la nation est lasse! elle a déjà oublié ses fatigues : elle est épuisée en hommes, en argent, en volonté! Le consul a frappé du pied, et des pacifiques sillons sortent des forêts de baïonnettes qui courent récolter de sanglantes moissons. Sans rien emprunter à cette ceinture de fer qui recommence à presser l'Allemagne, une armée de réserve, convoquée à Dijon, s'y recrute en quelques mois. C'étaient des paysans en bonnets de laine, sans fusils et sans souliers. En les passant en revue, le consul leur dit : la plus belle armée du monde, mal commandée, a perdu l'Italie; il faut que des conscrits la reprennent. Soldats! je l'ai promis à la France : me démentirez-vous ? marchons! fut la réponse, comme l'enthousiasme était le sentiment. Quelques jours après, ils étaient au pied du Saint-Bernard.

Bonaparte a souvent répété que cette expédition n'était pas une campagne, mais un coup de parti. Étonner l'ennemi, c'était le vaincre : et qu'y avait-il de plus étonnant que de pénétrer jusqu'à lui par des chemins devenus impraticables depuis Annibal? Qu'on se figure soixante mille hommes, quarante mille chevaux, trois parcs d'artillerie et ce nombre incalculable d'accessoires qui suit toujours les grandes armées ; qu'on se les figure gravissant pendant cinq jours un amphithéâtre de mamelons, crevassés de précipices, hérissés de roches surchargées elles-mêmes d'un océan de neiges éternelles. Arrivés à cette cîme, d'où l'on découvre la France et la Suisse, et d'où l'on voit l'Italie à ses pieds, les grenadiers jettent en l'air leurs plumets rouges, poussent des clameurs que renvoient toutes les Alpes, et se précipitent. La majesté de l'histoire sera-t-elle compromise, lorsqu'un jour elle peindra ces vainqueurs des rois, ces maîtres futurs de l'Europe, les pieds joints, les talons rapprochés, le sabre relevé, le fusil en bandoulière, et se laissant glisser *sur leur derrière* jusques dans la profonde vallée? Cinquante bataillons se ruent comme un torrent, tandis que les chevaux tournent les ravins, et qu'on abandonne aux pentes rapides les canons démontés. Au milieu de ce passage triomphal, quelques imprudens disparaissent parmi les neiges, et le silence succède un instant aux cris de l'espérance et de la joie. Mais en deçà de ces monts sourcilleux, un fort oppose au courage de l'armée, aux talens des généraux, ses redoutes hérissées et ses ouvrages à pic. Il faut bien le croire, puisque c'est un fait : ce fort de Bard est la seule porte de l'Italie, et cette porte, dans les nuages, est de roc et de fer. Pour l'enfoncer, une batterie est montée *à bras d'hommes* dans un clocher. Le fort cède à l'épouvante plus qu'à l'attaque, et nous débordons. L'avant-garde, par la prise d'Ivrée, de Verceil, de Pavie, nous assure le passage du Pô. Mélas, revenu d'un premier effroi, manœuvre sur Alexandrie, et quand Bonaparte se déploie, l'Autrichien se développe en avant de la Bormida. Turenne, lorsqu'il avait été battu, disait simplement : j'ai été battu; pourquoi taire que, sous la supériorité de l'artillerie autrichienne, nos jeunes paysans furent ébranlés? Deux batailles ont immortalisé Marengo. Dans la première nous fléchîmes : le terrain ne fut conservé que par deux bataillons; la seconde nous vengea. Des corps marchant par échelons arrivèrent avec Desaix, et la ligne se rallia. Pour des Français, se rallier, c'est vaincre; mais la victoire nous coûta Desaix. Le même jour, à la même heure, le poignard d'un fanatique immolait Kléber en Égypte. Cependant, Marengo emporté, l'ennemi pliant sur son centre, est acculé aux remparts d'Alexandrie. Là, dans une mêlée, digne de ces combats de géans, au milieu du sang qui regorge, des batteries complètes se rendent, des bataillons entiers sont faits prisonniers. Refoulé au delà du Tanaro, a écrit un acteur de cette grande scène, sans communications, sans retraite, menacées sur leurs derrières par Masséna et par Suchet, n'ayant en front qu'une armée victorieuse, il fallut bien que les Autrichiens reçussent la loi. Mélas implora une capitulation : elle fut inouie dans les fastes de la guerre. L'Italie entière fut restituée, et l'armée vaincue vint déposer ses armes aux pieds de nos conscrits.

Quel dommage que Gênes, rendue le 6 juin, après une défense héroïque, n'ait pu tenir jusqu'au 16, époque où l'armistice restitua cette ville aux Français! au surplus ce long siége, dont l'humanité gémit encore, mais auquel le patriotisme et la bravoure applaudiront toujours, ôtant à l'Autriche l'élite de ses troupes en Italie, contribua à la capitulation d'Alexandrie; ce qui justifie la prévoyance de Bonaparte et surtout la gigantesque rapidité de ses opérations. Quoique le Piémont en fut le théâtre et que l'armée de réserve parût en être la base, c'était sur l'armée d'Allemagne qu'il avait fait filer des renforts; parce que c'était elle qui tenait le sort de la guerre. Les troupes fournies par l'évacuation de la Nordhollande avait porté cette armée à plus de cent vingt mille hommes; et par le bénéfice d'un premier armistice, Moreau venait de faire repentir l'Autriche de ses délais à ratifier la paix offerte par la France. C'est que l'Autriche, à qui Marengo arrachait l'Italie, n'avait pas perdu l'espoir de la reconquérir sur les bords du Rhin. De son côté, Moreau, par des avantages chaque jour plus importans, la lui disputait avec tant de succès, qu'un congrès, indiqué à Lunéville, venait d'obtenir pour préliminaires, la remise d'Ingolstadt, d'Ulm et de Philisbourg. Pour achever de crayonner une esquisse qui n'appartient à nos considérations que par l'influence des faits militaires sur les événemens politiques, notons que, durant même la tenue du congrès, l'armistice, rompu en Allemagne, avait amené la célèbre et décisive victoire de Hohenlinden, cause rapide et immédiate de l'occupation de Salzbourg, de la prise de Lintz, de l'évacuation du Tyrol et de la remise des forteresses de Branau et de Wurtzbourg aux aux Français. Ajoutons qu'au même moment, Brune en Italie, forçait le passage du Mincio, et contraignait les Autrichiens à cet armistice de Trévise, dont les gages furent plusieurs places fortes, et qui acheva de donner aux conférences de Lunéville l'issue la plus favorable. On n'oubliera jamais que tous les avantages du traité de Campo-Formio nous y furent confirmés; que nous ressaisîmes, sur le Rhin, les quatre départemens qui en font la frontière topographique; que l'indépendance de la Cisalpine fut de nouveau proclamée, et que la Toscane, cédée par l'Autriche, fut donnée par Bonaparte à un Bourbon.

Génes délivrée, ou pour s'exprimer plus nettement, passée du triple joug de l'Angleterre, de l'Autriche et du Patriciat sous l'influence française; les nouvelles républiques batave et helvétique instituées par le même ascendant; Lucques et l'île d'Elbe réunies, celle-ci à la France, l'autre à la Cisalpine : tels furent les premiers avantages que Bonaparte retira de la paix de Lunéville. Par des conséquences plus éloignées, mais non moins utiles à ses desseins, il obtenait de l'Espagne, en échange de quelques établissemens que nous ne pouvions plus garder, la cession de la Louisiane; du Portugal, où avait pénétré une armée espagnole, qu'il fermerait ses ports aux Anglais; de la Russie, que malgré la convention entre cette puissance, l'Angleterre, la Suède et le Dannemarck contre nous, nos relations commerciales avec elle seraient rétablies comme avant la guerre; de la Prusse, qu'en accédant à la neutralité armée de Saint-Pétersbourg, elle ne suspendrait pas les négociations secrètes que nous suivions pour rompre cette neutralité; de la Suède même, que la bonne intelligence entre elle et nous ne serait pas rompue réellement, quoique l'adhésion de cette puissance à l'alliance du Nord parût l'avoir altérée; de la Turquie, que la France renouvellerait solennellement les anciens traités et les capitulations qui l'unissaient depuis si long-temps avec la sublime Porte; des barbaresques enfin, que la paix déjà conclue entre nous et le Dey d'Alger, nous et le Bey de Tunis, aurait pour gage l'admission de leurs vaisseaux dans les ports de Malte. Cette dernière clause, on le sent bien, dépendait de la pacification générale, et celle-ci de l'Angleterre, puisque Malte était occupée par elle; mais la prévoyance du consul ménageait dès-lors avec cette dernière des négociations commencées sous le Directoire, et deux fois rompues, proposées de nouveau dès les premiers jours du consulat, reprises et suspendues encore, mais enfin qui permettaient d'espérer que bientôt des plénipotentiaires seraient nommés pour la rédaction d'un traité définitif. Déjà même, et antérieurement à tous préliminaires, nous venions d'abandonner Naples, et par une convention spéciale, qu'à la vérité, les circonstances avaient rendue urgente, nous avions stipulé, avec notre évacuation d'Égypte, le transport de l'armée en France. Pour prix d'une cession inévitable, le consul ne voulait qu'un poste dans la Méditérannée; et puisqu'il offrait de reconnaître l'indépendance et la neutralité de l'ordre de Malte exigées par les puissances, il demandait que les Sept-Iles vissent élever leur république sous la protection de la Russie et de la France. On reconnaît, dans ces idées, que l'adresse semait et que la force pourrait bientôt rendre prépondérantes, quelques-unes des bases du traité d'Amiens, dont celui de Lunéville, signé treize mois auparavant, n'était en quelque sorte que les préliminaires.

CHAPITRE VII.

Attitude calme quoiqu'encore armée de la France. Etats des factions. La démocratie siège au Tribunat. Mesure d'*éliminations* Institution de la Légion-d'Honneur. Principes qui l'appuient : motifs qui la justifient.

Rien ne résiste au consul vainqueur et pacificateur. L'Europe admire son génie, la France applaudit à son caractère ; et le sage lui-même, en observant les heureux fruits de son ambition, reconnaît qu'il en est dont la patrie profite et que la morale ne désavoue pas.

Si la nécessité, qui commença la puissance de Bonaparte, voulut aussi que la force l'étendit, la raison, qui s'y était soumise, se croyait justifiée par l'usage qu'il savait en faire. Cette période consulaire est à la fois la plus honorable de sa vie, et l'une des plus remarquables de notre histoire. Au dehors, le bruit des armes était remplacé par un calme presqu'universel ; dans l'intérieur, l'autorité, quoique naissante, déployait déjà des forces viriles. Tous les canaux du commerce, après avoir fait circuler l'abondance parmi le peuple, portaient au cœur de l'état les capitaux de l'industrie; ils en rapportaient pour elle de justes salaires et de nobles encouragemens. L'armée, encore sous la tente il est vrai, y dormait, appuyée sur ses armes : c'est l'attitude des guerriers d'un gouvernement qui se fonde. Sans doute qu'une telle attitude eut encore sourit au héros qui créait celui-ci, quand même elle n'eut pas été nécessaire à ses desseins.

Peu à peu se découvrait l'avenir renfermé dans son âme. Les factions déconcertées se tenaient à l'écart; mais l'ardent républicanisme, insensiblement altéré par l'organisation graduelle de l'état, s'était réfugié, comme en son asile naturel, dans le tribunat. Là, sans égard pour les lauriers qui surchargeaient le front du consul, des yeux austères et perçans épiaient sur ce front soucieux les nouvelles destinées de la république. Ils les pénétraient dans la composition adroite et forte du conseil d'état, appelé bientôt, moins à éclairer le magistrat suprême, qu'à suppléer à l'autorité des grands corps publics qui allaient s'énervant. La tribune de ces hommes populaires, qui se regardaient comme des Gracques constitutionnels, redisait incessamment à la France les excès de la force et les écarts de l'autorité. Dépositaires et représentans de l'opinion, ils s'en montraient les organes intrépides, et lui renvoyaient en échange leurs plaintes éloquentes. Comment, disaient-ils, consacrer dans des chartes les droits de chacun et la souveraineté de tous, lorsqu'ils sont détruits par l'exécution de ces chartes mêmes! A commencer par le sénat, ce corps imposant d'une magistrature indépendante, que son heureuse position dégageait de toute influence, et dont l'unique et auguste mission était d'établir partout celle des lois: que fait-il? par quoi justifie-t-il le titre de *conservateur* dont l'honora la constitution? N'a-t-il d'oreilles que pour écouter les ordres du consul? N'a-t-il de mains que pour y applaudir? N'a-t-il de bouches que pour les consacrer? Et ces législateurs, muets quand il faut parler pour le peuple, et si diserts, lorsqu'il s'agit de louer le consul! Voilà donc, ô Français, les pères de la patrie! Eh bien! qu'à leur place, il nous soit permis d'élever la voix: nous la ferons retentir, non pour redemander au consul la puissance qu'il exerce, mais pour invoquer des bornes à la puissance qu'il excède. En lui confiant l'autorité, le peuple n'a sans doute pas prétendu qu'il la tournât contre ses droits; en votant une république, probablement n'entendait-il pas ressusciter la monarchie, et d'un magistrat électif faire un chef auquel il ne manque que le titre de roi. Que son gouvernement soit fort sans être tyrannique, et que l'unité temporaire ne dégénère point en despotisme perpétuel. La volonté du consul ne doit être que celle des lois, et sa grandeur est dans notre liberté. Pour contenir l'anarchie tumescente, s'il fallut un frein, que ce frein, ne soit imposé qu'à l'anarchie. Dans un pays qu'on dit libre, que le peuple ne soit point esclave; que le malheur qui se plaint, ne soit point appelé révolte; que l'opinion, lorsqu'elle se prononce, voye enfin respecter ses arrêts.

De la tribune, d'où ces cris partaient, ils descendaient rapidement dans le peuple, où, commentés par les factions ennemies du gouvernement, ils se changeaient bientôt eu murmures et en menaces. Ennemies irréconciliables sur tous autres points, ces factions s'accordaient sur un seul, leur haine pour le consul. Les royalistes, qui d'abord n'avaient vu dans le siége consulaire, qu'un trône provisoire, se croyaient joués; les Jacobins, que Bonaparte ménageait peu, frémissaient de regrets, de vengeance et d'humiliation. Quant aux républicains, pouvaient-ils lui pardonner la ruine de leur vertueuse chimère?

Toutefois, il le faut avouer, la véritable opinion, celle que l'expérience guide, que la prévoyance avertit et qui s'appuie sur des intérêts, cette opinion favorisait Bonaparte et centuplait par sa force la force de son gouvernement. Par un retour rapide sur un passé, que les événemens éloignaient de plus en plus, on se demandait où nous serions, si le Directoire administrait encore et par un facile examen du présent, on voyait avec autant d'étonnement que de sécurité, où nous étions, depuis qu'il ne gouvernait plus. On ne pouvait se dissimuler que le principe de la révolution, l'égalité, s'accomplissant de jour en jour, cette révolution se précipitait vers son terme. La législation en prenait l'esprit : c'était celui de sa charte politique, et mieux encore de cette constitution morale, que le temps fait, et, à son défaut, que le génie appuyé sur la force, peut introduire dans une nation. Celle des Français, fatiguée de l'instabilité révolutionnaire, prenait goût à un établissement solide qui assurait tous ses droits, élargissait la carrière à toute ambition légitime, et ne pouvait déplaire qu'aux factions. Celles-ci, recrutant des auxiliaires parmi les oisifs, les vicieux et les mécontens, propageaient des bruits sinistres, hasardaient une censure amère et suppléaient aux critiques raisonnables, en calomniant. Il fallait bien se taire sur la prospérité des finances, sur l'ordre rétabli dans l'administration, sur ces conquêtes qui avaient arraché la paix et sur les traités qui consolidaient ces conquêtes, en un mot sur ce qu'on peut appeler le positif de la politique ; mais on se dédommageait en prêtant des desseins, en supposant des projets, en altérant ce qu'on voyait, en traduisant à l'usage des passions ce qu'on avait rêvé. Si l'amnistie rouvrait aux émigrés les portes de la France, c'était pour en faciliter l'entrée aux Bourbons ; si l'on comptait d'anciens jacobins dans presque tous les corps de l'Etat, c'est qu'il n'était pas impossible qu'on eût un jour besoin de leurs services, c'est qu'il l'était encore moins qu'on fît revivre leurs principes. Ainsi, selon ses désirs ou ses craintes, chaque faction exposait la France à une chance favorable ou contraire, et, en attendant le péril réel d'une nouvelle épreuve, lui faisait subir le supplice de l'incertitude.

Mais leurs vagues agitées dans tous les sens ne troublaient point le consul : peut-être seulement aidèrent-elles à accélérer l'exécution de ses projets. Il ne lui fût pas difficile d'observer que toutes les oppositions, déguisées sous la couleur populaire, siégeaient au tribunat, d'où, comme dans une redoute retranchée, elles dirigeaient contre le gouvernement des attaques sans cesse renaissantes et toujours impunies. Si, dans cette petite guerre, dont la défensive ne pouvait être que le silence, il n'eût été question que de ces principes métaphysiques, sur lesquels on peut disputer long-temps, ou le gouvernement eût continué de garder le silence de la dignité, ou il l'eût rompu pour livrer les aggressions à une controverse utile ; mais comment se taire avec des gens qui refusent l'impôt ? que répondre à ceux qui défendent le recrutement ?

qu'opposer aux entraves, chaque jour éludées et chaque jour reproduites, dont la contrariété, qui se croit une puissance, et la vanité, qui se croit un talent, sèment toutes les routes de l'administration? Rien de plus courageux, rien aussi de plus efficace qu'une opposition patriotique qui, par les voies d'une discussion de bonne foi, cherche le bien et aide à le faire; mais Dieu garde tout gouvernement qui est régulier et qui veut devenir stable, de ce démon de la contradiction, suscité par l'amour-propre humilié ou pour la mauvaise foi dénigrante! En feignant de vouloir le mieux, il passe à côté du bien, et sacrifie aux passions égoïstes ou aux abstractions, la vérité, la justice, la patrie, et lui-même avec elles.

Ces vérités frappèrent le consul; mais comme elles parlaient peut-être plus encore à sa passion, l'amour du pouvoir, qu'à sa raison-pratique, il céda facilement à une occasion qui favorisait si bien l'une, en ayant l'air d'être prescrite par l'autre. Cependant, en contentant ce besoin de tout réduire pour tout conduire qui l'a toujours travaillé, il fallait moins froisser l'opinion que la seconder, et paraître lui céder plutôt que lui faire violence. Une exécution complète eût manqué ce double but; une mesure préparatoire devait l'atteindre. Personne, jusqu'alors, n'avait blâmé ni l'institution du tribunat, ni la place qu'il occupait dans le régime constitutionnel : on était loin de regarder comme dangereuse, ou même comme superflue, cette opposition que la loi avait érigée en faveur de la loi, et qui pouvait prévenir les irritations d'une opposition populaire et leur donner le change : mais si ces mêmes irritations, des classes subalternes où elles étaient nées, avaient envahi les bancs des législateurs, et si quelques-uns de ces législateurs, au lieu de les rejeter, leur avaient servi d'organes, c'était elles d'abord que devait envelopper la surveillance du pouvoir, puis c'était contre eux que pouvait enfin se déclarer ses sévérités. Sans discuter ces principes, sans en approuver la doctrine, encore moins l'application, nous nous contentons de les énoncer. Le tribunat, soumis à l'épuration sénatoriale, fut mutilé, selon les uns, purgé, comme parlaient les autres, et réduit d'un cinquième. Pour conserver à cette opération, qu'on aurait pu qualifier de révolutionnaire, quelque délicatesse dans les formes, on n'éconduisit personne : on se contenta d'indiquer les élus, en se gardant bien de nommer les expulsés ; et le nom nouveau d'*élimination* représenta énergiquement, quoique décemment, ce que naguère on aurait exprimé avec plus de franchise. Par cette réserve, qu'on peut appeler monarchique, on jugea que la langue du gouvernement gagnait en politesse, ce que son autorité perdait en dépendance ; et l'on s'assura qu'enfin la république n'existait plus, puisque ses magistrats cessaient de montrer de la sincérité.

Son nom survivait toutefois à ces atteintes multipliées; il leur survécut long-temps encore. Son esprit même, habilement fortifié par celui des monarchies, fut, pour ainsi dire, infusé dans l'institution de la Légion-d'Honneur, qui date de cette époque. Ces rudes et purs républicains, qu'une vertu austère anime, qui servent la patrie, parce qu'ils l'aiment, et qu'ils ne voient dans les sacrifices qu'elle impose, que l'accomplissement d'un devoir, ces hommes rares ne voudraient, pour prix de tout leur sang, qu'une branche de chêne, ou peut-être seulement l'honneur de l'avoir versé. Il faut respecter et ce noble dévoûment et les motifs plus sublimes qui l'inspirent, sans chercher à les flétrir en les attribuant à la singularité ou à l'orgueil : seulement, lorsque dans certains Spartiates modernes on a trouvé des hommes plus durs que fermes et des principes plus outrés qu'énergiques, il est à craindre que ce luxe de républicanisme convienne mal au temps où nous vivons. Ceux qui blâmaient, dans l'institution de la Légion-d'Honneur, la pensée chevaleresque, l'ordre hiérarchique et une décoration empruntée à la féodalité, s'avisaient-ils de blâmer les palmes décernées aux vainqueurs des jeux olympiques et la couronne d'ache ou de persil votée par le peuple romain à ses grands citoyens? Autres temps, autres usages ; mais l'esprit est toujours le même. C'est toujours l'émulation excitée par l'attrait des distinctions ; c'est toujours l'orgueil qui sollicite la gloire : un satirique dirait la vanité que mandie la renommée. Quoi qu'il en soit, tout le monde s'accordait à trouver, dans l'institution nouvelle, la réunion des élémens de la société et l'action de ses pouvoirs sur eux. En effet, démocratique dans son premier élément, l'égalité d'admission, elle participe de l'aristocratie par la graduation de ses dignités, et se rattache au pouvoir central, moins par l'autorité que par l'influence de son chef qui est aussi celui de l'Etat. Sous ce rapport, elle paraît monarchique, mais seulement dans le choix de ses membres, réservé à ce chef, et non dans son action continue sur eux, puisqu'ils demeurent indépendans de lui. En ce sens, ils rentrent dans la parité aristocratique, comme dans l'ordre de leur vocation, ils restent sous le niveau de la démocratie. Considérée comme institution morale, la Légion-d'Honneur repose sur une pensée essentiellement philantropique : si par quelques-unes de ses formes, elle semble appartenir à l'ordre militaire et offrir des récompenses à la bravoure, par le fond même de son esprit, par l'énoncé de ses réglemens, elle convient parfaitement à l'ordre civil, comme par la fécondité de son principe et l'importance de son objet, elle appartient à toute la société. Le soldat, que décore son insigne, ne regrette plus le membre que cet insigne paya si noblement; le savant laborieux voit dans l'Étoile le prix de ses veilles; l'artisan industrieux celui de ses découvertes; le citoyen utile le certificat de son dévouement. Patriotisme, valeur, vertus modestes, talens somptueux, un ruban civique vous étreint de ses nœuds fraternels, et d'une foule, que des récompenses pécuniaires auraient dispersée, en l'avilissant, il fait une famille de héros, de frères et de citoyens.

J'exprime faiblement aujourd'hui ce que chacun ressentait alors avec vivacité : rien ne faisait pressentir que cette institution, détournée de sa source, altérée dans sa composition, écartée de son objet, pût être, sinon rattachée, au moins assimilée à des établissemens chevaleresques, et retracer des souvenirs féodaux. Telle sans doute ne fut pas et ne pouvait être la pensée de son fondateur. Celle qui le dominait, et qu'il communiquait à ses créations, roulait tout entière sur la parfaite égalité de la masse sociale, la parité temporaire de l'aristocratie administrante, et l'énergie centrale du pouvoir dirigeant. Cette imposante et forte hiérarchie satisfaisait alors cet homme éminemment judicieux, quoiqu'essentiellement absolu, puisque, dans un tel arrangement, il semble qu'on trouve, avec une égale impossibilité de l'anarchie et de l'arbitraire, la réunion de l'ordre et de la liberté. Ce ne fut que quand des idées d'hérédité, nées du prétexte de la fixité, eurent altéré ce jugement exquis, que les misères féodales vinrent à la suite. N'anticipons pas sur ces temps déplorables et pourtant glorieux, pour lesquels nous rembrunirons bientôt nos pinceaux. Qu'ils continuent à retracer encore quelques belles journées, où déjà se mêle à leur splendeur quelques légères ombres.

CHAPITRE VIII.

1°. Expédition de St.-Domingue. Etat de la colonie. Factions des *Hommes de couleur*. Toussaint-Louverture et Leclerc.
2°. Elévation de l'Infant de Parme au nouveau trône d'Etrurie.
3°. Bonaparte nommé président de la République cisalpine.

Consacrons quelques lignes à trois événemens qui, parmi ceux que chaque mouvement du consul faisait naître, attirèrent plus vivement la curiosité, remuèrent plus profondément l'opinion.

A la suite de huit années de meurtres et de ruines, Saint-Domingue s'était sauvée de la plus désastreuse anarchie, dans les bras d'une sorte de gouvernement assez régulier, assez doux, mais arbitraire et despotique. Il ne faut pas croire que, pour des nègres, échappés naguère à l'esclavage, et qui traînent encore, en quelque sorte, un débris de leurs chaînes; il ne faut pas s'imaginer, disons-nous, que la liberté consiste dans la jouissance des droits politiques : pour apprécier la valeur de ces droits, il faut connaître la force des devoirs qu'ils imposent, et l'on n'est digne d'être libre qu'autant qu'on sait l'être sous la loi. Or, pendant de trop longues années, celle des noirs de Saint-Domingue fut leur volonté individuelle, ou plutôt leur caprice qui, de la plus féroce irritation, les transporte sans transition au plus bisarre attendrissement, pour les reporter bientôt à l'exaltation de la cruauté. On explique ces émotions contradictoires par une prodigieuse mobilité nerveuse, et l'on a tenté de justifier les vengeances et même les destructions qu'elles ont inspirées par l'atrocité du régime dont les hommes de couleur furent si longtemps les déplorables victimes. Ce n'est point ici le lieu de livrer à de nouvelles et inutiles controverses des questions sur lesquelles a contradictoirement prononcé ou l'intérêt personnel, ou l'esprit de parti, qui est encore un genre d'égoïsme, mais que, dans la circonstance qui nous occupe, les événemens venaient de résoudre. Par suite de ces événemens, un homme de couleur, doué de ces qualités intellectuelles et physiques qui méritent partout la supériorité, Toussaint Louverture avait de plus obtenu sur les révoltés celle dont de telles circonstances seules pouvaient favoriser la manifestation et solliciter l'emploi. Celui que ce nègre, tout à l'heure esclave et bien digne de ne plus l'être, fit du pouvoir que le torrent des choses plaçait entre ses mains, décelait l'homme de sens et légitimait l'homme nécessaire. A un degré d'intelligence, rare même chez beaucoup de blancs, il joignait un caractère ferme, une résolution inébranlable et motivée, une bravoure singulière et cette sorte de tactique que peuvent donner à un esprit vif, prompt et pourtant méditatif, la connaissance des localités et les habitudes du climat. On dit aussi qu'en faisant valoir tous ces avantages par un extérieur imposant, il en augmentait encore le prix par cette éloquence vivante d'images, échauffée de sentimens, qui parle si fortement à deux facultés prodigieusement mobiles chez les enfans de la nature, l'imagination et la sensibilité. Ils l'avaient donc nommé leur chef : peut-être se l'était-il nommé lui-même ; car, dans une âme simple et ingénue, ce qui obtient des titres à l'estime, semble mériter des droits au commandement. Tant que Toussaint n'avait usé du sien que pour ramener à la modération et à l'ordre une population effervescente, il avait mérité la reconnaissance de la métropole et obtenu la protection du gouvernement. Mais des affections personnelles s'étaient insensiblement mêlées à ces vues d'abord généreuses, et que la double influence du pouvoir et des Anglais commençait à corrompre. Ce n'avait pas été sans un dépit secret que nos éternels rivaux avaient vu se calmer des troubles, qu'ils avaient probablement suscités, que certes ils avaient long-temps nourris, et dont ils espéraient un long profit. Avec l'ordre rétabli, avec la paix renaissante, ce profit leur échappait, puisque le premier acte de la colonie avait été une constitution républicaine inaugurée sous le bon vouloir de la métropole. Reconnaître son autorité, se rattacher à son gouvernement par les doubles nœuds de la fraternité et de la subordination, c'était se soustraire à l'influence britannique et bientôt s'affranchir de cette onéreuse tutèle. Voilà d'abord quelles avaient paru les intentions de Toussaint, homme sincère, sans doute, mais qui, en s'offrant ensuite pour médiateur entre la colonie et la France, avait paru vouloir que cette dernière, en lui conservant l'autorité, reconnut qu'il la méritait pour prix de ses services. On pouvait reconnaître à la hauteur de ces prétentions le génie machiavélique de la Grande Bretagne. Les ministres de cette puissance, en les inspirant au dictateur de Saint-Domingue, avaient d'avance calculé sur son orgueil à les soutenir et sur la résolution de la France à les repousser. Ce n'était point surtout lorsque des mains neuves et vigoureuses saisissaient les rênes de l'administration, qu'elles en abandonneraient une partie à celui qui aurait du les réclamer comme une charge et non les exiger comme un droit. De ce conflit d'une demande impérieuse et d'un refus improbatif, on voit renaître, comme de ses cendres, ce vaste incendie, dont celui du Cap fut l'image palpable, et qui, au souffle de l'Angleterre, allait couvrir encore la colonie de désolation et de débris. En effet, deux partis groupés autour de deux bannières, avaient appelé aux armes les amis de la France et les indépendans. Ces derniers, ralliés par Toussaint Louverture, étaient nombreux, convenablement armés, exercés par une discipline sévère, et en fortifiant par l'obéissance l'autorité d'un chef qu'ils aimaien, ils croyaient n'obéir qu'à eux-mêmes et assurer leur affranchissement. Rigaud, placé à la tête des colons attachés à la métropole, semblait opposer au chef des noirs plus de savoir et de consistance; mais ceux-ci se battaient pour le sol et pour la famille, tandis que les autres ne défendaient que leur opulence, et quelques-uns leurs voluptés.

On a retracé l'expédition de Saint-Domingue, on la décrira plus amplement encore. Qu'il nous suffise, après en avoir rappelé les antécédens, d'en exposer les motifs, d'en constater les résultats. Le lendemain d'une paix qui désarmait l'Europe sans désarmer l'Angleterre, il eut été imprudent que la France laissât s'engourdir le courage de ses guerriers; il était indispensable qu'elle essayât l'intelligence de ses marins. Ce double objet était rempli, quand même l'expédition n'aurait point d'issue, ou en aurait une défavorable : on atteignait un but bien autrement important, si le succès couronnait l'entreprise. La plus opulente de nos colonies, celle dont le poids dans la balance du commerce était, pour sa métropole, de plus de soixante millions annuels, Saint-Domingue, arrachée à l'influence de l'Angleterre et aux ravages de ses propres factions, nous était restituée, riche de son expérience, forte même de son affaiblissement qui la préparait à une régénération, et prête à recevoir, dans sa maturité, ce régime philantropique et tempéré qui concilierait les intérêts de la propriété, en ménageant les instrumens de l'industrie. A ces hautes vues d'administration publique, qui même pour être justifiées, n'attendaient pas le succès, ceux qui continuaient d'observer le consul, porté de lui-même ou par les événemens, au milieu de toute action politique, ajoutaient le plaisir d'occuper l'attention de l'univers admirateur, et le besoin de prolonger ce retentissement que chaque pas fait aux Tuileries produisait dans tous les cabinets de l'Europe. Les spectateurs superficiels appelaient cela de la vanité ; les contemplateurs moins irréfléchis donnaient à ces sentimens un tout autre nom.

Les résultats de l'expédition ne sont que trop connus. Confiée au vaillant et incapable général Leclerc, elle avait amorcé par quelqu'apparence de succès les braves qui l'exécutaient sous ses ordres. Bientôt Toussaint, qu'on eût du ménager, fut humilié parce qu'on demandait de lui : le consul exigeait qu'il déposât les faisceaux de la dictature et qu'il réunit à la France la colonie soumise. Dans une proposition si raisonnable, mais peut-être faite sans précaution, les révoltés, bien excusables de redouter l'esclavage, crurent en découvrir le retour. Leur chef s'arrache aux embrassemens de ses fils que Bonaparte lui a fait rendre; il ordonne à la fois l'incendie du Cap, la proscription des Français et le bombardement de leurs vaisseaux. C'est envain, qu'au nom de sa métropole, qu'ils renient, qu'au nom de son gouvernement qu'ils méconnaissent, Leclerc rappelle les révoltés au devoir, et pour prix d'y avoir cédé, leur offre le pardon; pour ces Affricains rendus à leur férocité native, le pardon d'une vengeance, qui n'est selon eux que justice, est une offense nouvelle: ils y répondent en massacrant les blancs. Peu-à-peu cependant la guerre se régularise: les succès, long-temps alternatifs, amènent un résultat long-temps balancé. Il est enfin fixé par la défection du noir Christophe, revenu aux drapeaux de la mère-patrie; et Toussaint, sevré bientôt des secours de l'Angleterre, qui irrite les faibles et ne protège que les forts, Toussaint, à-peu-près abandonné, rend les armes et reconnaît la république. Depuis, assure-t-on, il conspira contre elle; s'entendit avec les Anglais pour ranimer à St.-Domingue les feux mal éteints de la guerre civile; tenta de ressaisir l'autorité, sous prétexte de prévenir dans le retour de l'esclavage, l'inévitable effet de la conquête; fut arrêté et avec ses enfans envoyé en France, où il mourut quelques temps après, non sans appeler sur sa tombe les bruits les plus injurieux au premier consul.

Mais ces bruits, en circulant autour de lui, en s'envenimant même par la circulation, ne l'atteignaient plus. Il n'ignorait pas à quelles flèches s'expose celui qui, de la sentine d'une société en dissolution, s'est chargé d'extraire, d'épurer, de consolider de nouveaux intérêts. Pour éviter l'atteinte de ces flèches doublement meurtrières, puisque lancées par la haine, elles sont souvent empoisonnées par la calomnie, il n'a qu'un seul moyen, c'est de s'élever en grandissant : alors, il se dérobe facilement à leurs coups ; et s'il en a dorénavant à redouter, ils ne peuvent lui être portés que par la foudre.

Le mouvement d'ascension, dont le 18 Brumaire fut le point de départ, avait été signalé, quelque temps auparavant, par deux élans remarqués de toute l'Europe intéressée. En exécution du traité de Lunéville, la Toscane, enlevée à la maison d'Autriche, venait de passer aux Bourbons d'Espagne ; et l'infant de Parme la recevait, des mains du pacificateur, avec le titre de roi. Ce fut sans doute une singularité piquante que de revoir en France, où ce nom était oublié, et où naguères même il avait été effacé avec ignominie, que d'y accueillir un prince qui en était décoré; mais cette vicissitude politique semblait presque bisarre, lorsqu'on réfléchissait qu'un magistrat républicain en avait investi un individu d'origine royale, et que cet individu, du nom de *Bourbon*, recevait une couronne créée par lui, des mains d'un individu nommé *Bonaparte*, successeur par le fait, peut-être même plus que par le droit, de la puissance des Bourbons. Quelles réflexions graves un tel rapprochement eût suggérées à Tacite! quelles phrases éloquentes il eût inspirées à Bossuet! Bonaparte aussi se plut à y reconnaître le doigt de la Providence qui, modelant le monde politique sur l'univers matériel, a voulu que l'un et l'autre obéît aux lois géométriques de la force. En politique donc, comme en astronomie, si vous voulez tout entraîner et que rien ne vous entraîne, si vous voulez que tout gravite autour de vous, occupez le centre, après avoir franchi les milieux.

Bonaparte n'a plus à obéir à des conseils: il suit une impulsion; ou plutôt, quand il croit y céder, il ne cède qu'à sa nature. Dans le second et mémorable essor qui en caractérisa la première et décisive ascension, on le vit recevoir, de la république qu'il avait jadis fondée et qu'il venait de reconquérir, le titre modeste de son *Président*. Cette appellation pouvait réveiller le souvenir d'un Wasington, comme celle de *Consul* semblait retracer l'idée d'un Publicola ; mais lorsqu'en logique les mots ne sont pas définis, et qu'en politique les attributs ne sont pas précisés, on peut supposer aux uns l'acception qui étaie les sophismes, et aux autres l'étendue qui favorise l'ambition. Celle de Bonaparte gardera-t-elle long-temps encore ces voiles prudens qui la déguisent ; ou, tel qu'Ulysse qui a dépouillé le manteau d'Eumée, va-t-il paraître nu sur un plus vaste théâtre, et se faire reconnaître à cet arc de la puissance qui ne fléchit que sous ses mains ?

CHAPITRE IX.

Influence du ministère anglais sur les affaires du Continent, et principalement sur celles de France. Explosion du 3 nivôse. Les deux partis en sont accusés : quel était le coupable ? Influence de l'Angleterre sur les excès de la révolution.

Si l'administration intérieure du consul continuait à tranquilliser la France, ses opérations diplomatiques étonnaient l'Europe : ses succès, dans toutes les carrières, consternaient l'Angleterre, et, comme elle, toutes les factions. Quel que soit le but ultérieur de celles-ci, soyez certain que vous trouverez toujours le ministère britannique mêlé à leurs manœuvres. Des publicistes, célèbres par leurs talens, estimables par leurs doctrines, ont soutenu que M. Pitt avait toujours été étranger aux troubles de la France ; et pour le prouver, ils ont mis en contraste les crimes que ces troubles ont fait commettre avec la probité de ce premier ministre. Mais, puisque la morale n'est point encore la base de la politique, comment les ministres auraient-ils d'autre conscience que l'intérêt de leur gouvernement ? Ce principe d'un patriotisme étroit, et qui semble indigène à l'Angleterre, autorise à penser que M. Pitt ne fut jamais difficile sur les moyens de la faire triompher. Il est clair que s'il s'agissait de démontrer juridiquement cette imputation qui entache la mémoire de l'homme moral, ou l'on reculerait devant les preuves, ou l'on n'en trouverait aucune ; mais les mystères de la politique sont-ils de compétence judiciaire et peuvent-ils être éclaircis par une enquête ? A voir avec quelle joie les amis de l'Angleterre accueillent ces reproches, on peut juger qu'ils seraient bien fâchés qu'elle ne les méritât point ; et *ce gros bon sens qui court les rues* n'était pas si loin de la vérité, lorsque sur certains visages de jubilation factieuse, il lisait la température d'outre-mer, et devinait que le vent du crime soufflait sur nous de la Tamise.

Il y soufla surtout depuis que la marche du consul et quelques déterminations qui semblaient décisives, quoiqu'elles ne fussent que préparatoires, eussent laissé pressentir qu'en remontant la monarchie, il refaisait la royauté. Cette crainte ou cette espérance était visiblement une erreur, ou intentionnellement une calomnie : les jacobins n'ignoraient pas qu'à la monarchie féodale brisée par la révolution, Bonaparte s'essayait de substituer une véritable démocratie menée par sa dictature; les royalistes savaient très-bien que rien n'avait moins d'analogie avec la théorie du droit divin et de la soumission passive, qu'une magistrature élective qui tirait sa force de l'obéissance de chacun, comme elle avait tiré sa légitimité de la volonté de tous. Voilà précisément ce que voulait prévenir l'Angleterre qui dans des créations neuves et fortes, redoutait cette sève de réforme qui agite le siècle, et qui, dirigée par un carctère entreprenant, pouvait devenir le dissolvant des vieilles institutions et de sa propre puissance. Que Bonaparte, n'importe par quel moyen, eût tenté de faire rétrograder la France, il aurait trouvé des complices dans ceux qui se sont faits ses ennemis ; mais en dépit des criailleries démagogiques et des calomnies royalistes, il la faisait marcher et marchait avant elle : il est clair qu'il n'y avait pas d'expédient plus efficace pour arrêter ce double essor que l'explosion d'une machine *infernale*.

Ce fut l'épithète que lui donna le peuple, qui l'appelait aussi par une synonimie railleuse *la machine anglaise*, moins par ce qu'il en attribuait l'invention aux ministres britanniques, que parce qu'il accusait de son horrible usage des hommes que ces ministres n'avoueraient certainement pas, que cependant il avait poussés au crime, au moins par leurs propres passions, et que, pour prix de les avoir irritées et non satisfaites, il allait abandonner à l'échafaud. En effet, quelques misérables y furent livrés, mais seulement deux mois après l'événement. Par une singularité, digne de remarque, il répugnait au gouvernement d'imputer à des gens *de la bonne compagnie* un attentat dont les moyens étaient aussi grossiers que l'objet en était scélérat: la police fourvoyée par la discrétion des conspirateurs, crut les avoir trouvés dans cette lie que la révolution avait déposée à chacune de ses périodes, et qui, à toute occasion de trouble, se mêlait, en quelque manière, au fleuve social, pour en altérer la limpidité. Un rapport, plus conjectural que précis, fait par le ministre aux consuls, détermina le sénat à ordonner la déportation d'un certain nombre d'hommes signalés pour des actes violens, que les circonstances ont quelquefois provoqués, sans que l'urgence même ait jamais pu les justifier. Le sénat avait-t-il ce droit? La constitution ne le lui donnait pas ; mais ce fut précisément de ce silence, qu'il conclut la nécessité de l'exercer. Il considéra que pour aviser aux moyens de mettre un terme aux dangers qui menaçaient la chose publique, *le désir et la volonté du peuple ne pouvaient être exprimés que par l'autorité chargée de conserver le pacte social;* et partant d'un principe, que l'histoire au moins ne doit pas reconnaître, mais que la circonstance empêchait de contester, le sénat arriva à une conséquence que l'opinion contestait encore moins. Tiraillée en deux sens aussi douloureux que contraires par deux factions qui attaquaient le pouvoir pour se le disputer après, la nation a constamment repoussé les chefs, les organes et les instrumens de ces factions: dans les individus frappés, elle en retrouvait quelques-uns; et sans examiner s'ils étaient coupables du nouvel attentat qui venait d'immoler tant de victimes, en manquant la seule qu'il s'était proposée, à la nature même de ce crime, et aux moyens employés pour le commettre, elle les en supposait au moins capables. Il est donc des préjugés, raison du vulgaire que n'examinent point et que partagent ceux qui ne devraient avoir pour guide que l'examen et pour maître que la raison.

Plus tard enfin, l'on porta ces flambeaux dans cette affaire ténébreuse: à leur lumière que découvrit-on? que ceux qu'on n'aurait osé soupçonner, étaient précisément les seuls qu'on eût du punir. Bonaparte, en parlant du 3 nivôse, avoue qu'il n'en accusa *que les Brutus du coin*: la procédure démontra que les vrais coupables n'avaient de commun avec ces Brutus qu'une haine inextinguible contre le chef du gouvernement. C'était d'ailleurs des hommes titrés, *des gens comme il faut*; et si parfois ils avaient *volé des diligences*, c'est que pour servir son parti et faire triompher son opinion, tous les moyens sont légitimes. Si, dans l'entreprise de la machine anglaise, ils avaient réussi, n'eussent ils pas été justifiés? Mais on les déclara coupables, car ils avaient échoué, et ils montèrent à l'échafaud.

L'explosion, qui avait renversé la rue Saint-Nicaise, retentit dans toute la France. Le consul comprit que le volcan sur lequel il avait assis son pouvoir menaçait de le dévorer ; il comprit que ce n'était point assez de comprimer ce volcan, mais qu'il fallait l'éteindre. La nation aussi demandait qu'on l'éteignît. Dès qu'un tel vœu correspondit à une telle volonté, Bonaparte qui, depuis long-temps essayait ses forces, crut les sentir pour la première fois : afin d'en convaincre l'Europe, il ne restait plus qu'à les déclarer.

Déjà la dignité consulaire prorogée de dix ans les avait indiquées ; elles s'étaient mieux signalées encore par la réduction du tribunat ; les ressorts de presque toute l'administration réunis dans le Conseil-d'État, avaient prouvé combien elles pouvaient s'augmenter en s'étendant ; par l'institution du consulat à vie, on sembla vouloir démontrer que leur concentration assurait leur perpétuité. Pour Bonaparte ce n'était sans doute qu'un dernier passage ; pour la France ce fut un terme. C'est qu'elle avait oublié ce mot de son chef : « Qu'en temps de révolution, rien *n'en peut finir* avec des autorités à contrepoids. »

CHAPITRE X.

Analyse du sénatus-consulte du 16 thermidor. Consulat à vie. Nouvelle organisation du gouvernement et des autorités de la république. Acheminement, par leur concentration, au rétablissement de la monarchie.

L'ACTE constitutionnel du 22 frimaire, en conservant les principales bases républicaines, l'élection par le peuple, les magistratures transitoires, les agences responsables, l'opposition tribunitienne et le contrôle sénatorial, semblait avoir respecté la démocratie; mais en instituant les notabilités, en faisant aboutir les candidatures au choix d'un corps aristocratique, en ôtant aux législateurs la faculté délibérative, pour ne leur laisser que le vote passif, en investissant le Conseil-d'État toujours de fonctions administratives, quelquefois de pouvoirs judiciaires, en mettant le sénat sous l'influence des consuls et ces magistrats dans la dépendance du premier, la constitution avait préparé le retour de la monarchie. En deux ans, des événemens décisifs, de grandes injustices réparées, quelques institutions essayées, avaient recommencé un nouvel ordre social, auquel il manquait un complément et la fixité. Ces avantages, (je parle ici dans le sens des législateurs de ce temps) la prévoyance et la force les présentaient dans le sénatus-consulte organique du 16 thermidor de l'an 10, lequel réuni à l'acte du 22 frimaire de l'an 8 et au sénatus-consulte du 28 floréal de l'an 12, composa tout le recueil de nos codes politiques ; car les autres actes du sénat, desquels nous analiserons les principaux, ne renferment que des mesures réglementaires, quoique ce soit des actes souverains.

Celui que nous allons examiner n'est plus un contrat proposé au peuple par son gouvernement, mais une loi imposée par le gouvernement à lui-même : il ne s'agit plus de reconnaître les droits des gouvernés et d'établir les pouvoirs des gouvernans, ni même de déterminer les rapports des uns avec les autres ; mais seulement les devoirs de tous, au-dessus desquels s'élève et plane l'autorité d'un seul. C'est cette pensée qui prédomine dans l'Acte, et que nous allons montrer dans tout son jour.

"Chaque canton, chaque arrondissement, chaque département aura une assemblée électorale ; mais dans celle de canton, que les notables seuls pourront composer, le premier consul nomme le président qui lui-même choisit le secrétaire et les présidens de sections. Sur une liste des cent citoyens les plus imposés, l'assemblée présente au consul des candidats pour la justice de paix et pour le corps municipal. Le consul nomme les maires et les adjoints. Les fonctions actives de l'assemblée cantonnale se bornent à la nomination du collége d'arrondissement. C'est d'ailleurs le gouvernement, c'est-à-dire le consul, qui convoque les assemblées de canton, fixe le temps de leur durée et l'objet de leur réunion.

Un habitant sur cinq cents domiciliés dans l'arrondissement, un sur mille domiciliés dans le département, forment les élémens des deux colléges, dont le nombre, pour le premier, ne saurait excéder deux cents, et pour le second, excéder trois cents. Les électeurs le sont à vie. C'est au premier consul qu'appartient la nomination des présidens. Le collége est choisi par l'assemblée de canton sur une liste des six cents plus imposés du département. Le consul peut ajouter au collége d'arrondissement dix membres pris parmi ceux de la Légion-d'Honneur; il peut ajouter à chaque collége de département vingt citoyens, dont dix pris parmi les membres de la Légion-d'Honneur, et dix parmi les plus imposés ou parmi ceux qui ont rendu des services. C'est lui, c'est le consul qui, sur la présentation des colléges, nomme aux places vacantes dans les conseils d'arrondissement et dans les conseils de département. Ce sont les colléges d'arrondissement qui composent les candidatures pour le tribunat ; ce sont ces colléges de département qui présentent les candidats pour le sénat ; ce sont ces colléges réunis qui désignent ceux parmi lesquels doivent être élus les membres du corps législatif. Les membres du corps législatif et du tribunat n'assistent point aux séances du collége dont ils font partie. Les colléges électoraux ne s'assemblent qu'en vertu d'une convocation du gouvernement. Les consuls, à vie, sont membres du sénat et le président. Les deux derniers sont nommés par le sénat, sur la présentation du premier. Celui-ci présente un citoyen pour lui succéder après sa mort. Le premier consul a le droit de faire grâce.

Au sénat appartient la constitution des colonies, ce qui n'a pas été prévu par la constitution et ce qui donne lieu à l'interpréter. C'est l'objet des sénatus-consultes organiques. Il peut suspendre les fonctions de jurés, déclarer des départemens hors de la constitution, déterminer le temps dans lequel des individus doivent être traduits devant les tribunaux, annuler les jugemens attentatoires à la sûreté de l'État, dissoudre le corps législatif et le tribunat, nommer les consuls. C'est l'objet des simples sénatus-consultes. Les uns et les autres, délibérés par le sénat, les uns à la majorité simple les autres à la majorité de deux tiers, doivent avoir été discutés par un conseil privé, dont les membres sont, pour l'objet spécifiés, désignés par le consul. Les membres du grand conseil de la Légion-d'Honneur, le sont aussi du sénat, quelque soit leur âge. Le premier consul peut nommer au sénat, sans présentation par les collèges électoraux, des citoyens distingués par leurs services et leurs talens, à condition néanmoins que le nombre des sénateurs ne pourra excéder cent vingt.

Ce qui concerne le Conseil-d'État, le corps législatif et le tribunat est purement réglementaire : tel est le nombre des députés à élire par chaque département selon sa population, et la division des départemens en cinq séries. Seulement, on remarque que, dans la nouvelle hiérarchie politique le Conseil-d'État occupe le premier rang.

Celle des tribunaux, marquée par la surveillance des supérieurs et par la subordination des subalternes, a pour sommet l'institution inconnue jusqu'alors d'un grand-juge ministre de la justice, lequel représente partout, d'une manière active, le gouvernement, et exerce comme il lui plaît et quand il lui plaît l'influence, la surveillance et la prépotence. Ces droits, ou pour mieux dire, ces attributions appartiennent en diminutif, aux conmissaires des tribunaux qui les exercent par gradation décroissante, et sur lesquels le grand-juge déploye constamment son ascendant et, dans certains cas, fait peser son autorité.

A la lecture, même rapide, de cette courte, mais exacte analyse, quel sentiment a frappé le lecteur ? Celui de la présence, de l'influence, de l'ascendant, de l'autorité unique, exclusive et dilatée du premier consul. Au centre de la machine, ou, pour mieux dire, centre lui-même, il s'établit le mobile de tous les ressorts et l'objet de tous les mouvemens. Plus de lenteur dans l'effusion du pouvoir, plus d'obstacles dans ses communications, plus de déperdition dans les actes qui le distribuent, plus de divergence dans ceux que l'autorité jalouse, active et prompte repartira par-tout pour ramener l'obéissance à un terme commun. Ce terme est le consul, quoiqu'il ne se dise point encore la source du pouvoir ; car la fatalité l'en a rendu dépositaire. A ce titre, si bien d'accord avec son caractère, il est l'âme de la nouvelle constitution, il est la constitution même. Par ses présidens de colléges, il modérera les élections dont il a créé les élémens dans ses listes de plus imposés, et en commandera les choix par ses adjonctions spontanées. De ces choix qu'il pourra diriger, résulteront des juges et des administrateurs inférieurs, par lesquels on tient en bride les classes subalternes, comme avec ses préfets et ses magistrats du haut degré; il maintiendra les rangs supérieurs. De ces candidatures encore sortiront des tribuns, qui ne seront plus des Gracques, car le sénat les nommera, le sénat que le consul a nommé; sortiront aussi des législateurs qui seront muets, car ils auront quinze mille francs de rente. Et s'il arrivait qu'un jour le sénat, digne de son nom, se rappelât qu'il est *conservateur*, non d'une constitution despotique, mais d'une nation libre, le consul, lançant dans l'urne des sorts quarante votes d'une reconnaissance personnelle, réduira au cercle de l'arbitraire tracé par le dernier code (article 54 et 55) ce *libéralisme* intempestif; sauf à payer par le ministère, l'ambassade, bientôt par des sénatoreries, et plus tard par des titres, des décorations et des pensions, sauf, dis-je, à compenser ainsi les reproches de la conscience et les sacrifices de la probité.

A ces craintes de la prudence, à ces derniers murmures des républicains, qu'est-ce qu'opposaient les partisans du régime qui allait s'établir ? Les tentatives des factions que le mépris avait ménagées, mais qu'enfin la sévérité pourrait atteindre; l'incertitude de la nation qui demandait dans les institutions, de la force, de la grandeur, de la fixité; les intrigues que la plupart des puissances tramaient jusqu'au milieu de nous, et les crimes mêmes auxquels le ministère anglais n'était point étranger; enfin la nécessité de remettre à une seule main vigoureuse et exercée cette révolution, dont tout le monde prétendait s'emparer, que les partis se disputaient, dont l'étranger méditait de faire son profit, et qui, dirigée à celui de la France, pouvait, par le bénéfice de ses résultats, l'indemniser des pertes causées par ses ravages. Ainsi, en d'autres termes, par des motifs plus ou moins spécieux, sous des prétextes bien ou mal colorés, on traduisait ce fameux *salus populi* qui est en effet la *loi suprême* des bons gouvernemens, mais en vertu de laquelle ils n'ont jamais prétendu mettre une nation dans le maillot du despotisme, pour la garantir des agitations de la liberté.

Toutefois, en admettant comme nécessaire ce dangereux expédient, c'était une conception remarquable que le sénatus-consulte de thermidor. Dans l'exposé que nous en avons fait, on remarquera la grandeur jointe à l'unité, et la force résultant de la simplicité. Il y eût beaucoup d'adresse à cacher, dans les anciennes bases démocratiques de l'élection, les nouvelles listes de l'aristocratie propriétaire : sans exposer l'État aux troubles qu'aurait causés le renversement des premières, on se conciliait la faveur des inscrits sur les secondes; même on amenait les unes et les autres à la possibilité d'une conciliation. La théorie des notabilités substituée aux propriétaires électeurs; le mode des candidatures remplaçant les éligibles, composaient un système mixte, où l'élément populaire n'entrait que numériquement, auquel l'élément oligarchique concourait passivement, et sur lequel l'élément monarchique agissait déterminativement. A la vérité, l'influence de cet élément introduit partout, et quelquefois avec excès, contraignait les deux autres, comme par une attraction insurmontable, à se groupper autour de lui, moins pour exercer leurs facultés que pour fortifier la sienne, et par une progression toujours ascendante, l'aider à dégager le pouvoir de toute gêne, à le libérer de tout contre-poids et à le concentrer dans un point : c'est en cela que consistait la prédominance ramassée, pour ainsi dire, sur le premier consul. Mais il ne faut pas perdre de vue que le sénatus-consulte de thermidor n'était que la solution de ce problême : en ménageant les anciens intérêts, en leur unissant les nouveaux, renforcer la faculté d'exécution de tout ce que, sans danger, on pourrait ôter aux facultés délibérantes ; en d'autres termes, neutraliser la démocratie, en l'assujétissant à des formules aristocratiques, et maîtriser l'aristocratie, en la circonvenant de toutes parts par le pouvoir central graduellement fortifié de leur affaiblissement continuel. C'est ainsi, pour se borner à deux exemples, que le simulacre de l'élection du consul, jusqu'alors conservé au peuple, lui fut totalement enlevé par la faculté accordée à ce premier magistrat de désigner son successeur: faculté qui, par une hérédité politique, suppléait à la succession naturelle à laquelle elle préparait; c'est encore ainsi, que, sous prétexte de tempérer l'arbitraire possible, soit dans l'institution des tribunaux spéciaux, soit dans la forme de leurs actes, soit dans l'exercice de leur jurisprudence, le premier consul, investi du droit de faire grâce, recevait, avec ce droit, le plus bel attribut de la souveraineté, ou plutôt sa véritable plénitude, qui, en effet, ne peut aller plus loin que d'accorder la vie ou de donner la mort.

LIVRE TROISIÈME.

DEUXIÈME PÉRIODE DU CONSULAT.

CHAPITRE PREMIER.

Dans un monologue fictif, Bonaparte développe son caractère et expose ses desseins. Par la récapitulation du passé, il trace le tableau rapide du présent et devance l'avenir. État des affaires considérées dans l'intérieur et dans leur action sur le dehors. On pressent que par l'irrévocabilité de ses vues, la fixité de ses institutions, la permanence de ses lois, Bonaparte veut donner à son gouvernement la stabilité qui doit en amener la perpétuité.

BONAPARTE est consul à vie. A ce titre, il succède aux rois, remplace le peuple et hérite du pouvoir de tous. S'il n'est qu'un ambitieux ordinaire, il s'arrêtera stationnaire et peut-être bientôt deviendra rétrograde. Dissimulé, il pourra recommencer Cromwell; sincère et emporté, il reproduira un de ces nababs de l'Inde faits souverains à la condition d'être conquérans. Mais s'il continue d'être Bonaparte, ce poste, tout élevé qu'il soit, ne sera pour lui qu'un *pied à terre*. Et comme, malgré cette ardeur du pouvoir qui le nourrit et le consume, il veut du défini et n'aime que le définitif, c'est à obtenir l'un et l'autre qu'il va travailler.

D'où viens-je ? où suis-je ? où vais-je ? Ce sont ces trois questions qu'il se donne à examiner et auxquelles il va répondre.

D'où viens-je ? d'un camp d'où, avec la régularité de l'obéissance, j'ai rapporté le positif du commandement. Dieu me garde d'avoir transporté l'autorité militaire dans le gouvernement civil ! Du général au tambour, personne ne raisonne, et tout le monde obéit ; moi, je veux qu'on obéisse, parce qu'on a raisonné. J'ai dû conserver la précision des formes qui assure la convergence des idées. Loin d'exclure la pensée, j'en admets la variété, n'en hais pas la contradiction et n'en rejette que le vide ou la divergence. Que toutes les âmes ne sont elles qu'une âme ! Avec une telle unanimité, il serait impossible de n'avoir pas toujours raison : la majorité peut errer, la minorité n'a pas toujours tort, l'unanimité est infaillible.

Mais où trouver cette unanimité ? Trouvez-la-moi dans la masse ; je demeure républicain. Si elle n'est que dans les fractions, c'est-à-dire, si elle n'est pas, permettez-moi d'être unitaire. Après douze ans de disputes, il doit être démontré que l'unanimité n'est que l'unité.

Unité de pensée, unité de délibération, unité d'exécution : c'est la même ; une autre impliquerait.

Émanée d'une seule tête, et faisant fléchir toutes les têtes, parce qu'elle les a réunies, je courberais joyeusement la mienne devant elles, ou plutôt nous marcherions ensemble, droites et sur le même plan. J'aime les machines dont la simplicité me garantit le mouvement ; j'aime le mouvement rapide sans frottement et perpétuel, quoique continu. L'unité arithmétique, l'unité mécanique, l'unité politique, donnent tous ces avantages : j'en profiterais dans un autre ; j'en jouirai mieux en en faisant jouir ceux qui, pensant comme moi, marchent avec moi. Voilà où j'en suis.

C'en serait assez si, dans ma marche, il pouvait y avoir des stations. Mais, en révolution, qui s'arrête, rétrograde ; et je dis en révolution, puisque la politique n'est et ne sera long-temps que l'art de s'emparer de celle qui remue l'Europe. C'est donc à la saisir que je viens de passer trois ans. Je la tiens : il s'agit de la diriger, ou plutôt d'en faire mon profit. Pour y parvenir, la force est nécessaire : dangereuse toute fois sans l'adresse pour l'employer, sans la constance pour la faire réussir. Il faut, pour tout cela, le temps et moi. Avec ces deux puissances, je sens que rien n'est impossible.

Une magistrature transitoire n'en était pas la

moitié; c'est presque le tout qu'un consulat viager.

Qui dit viager pourtant, dit aussi transitoire, et n'en diffère que du plus au moins. Mais c'est quelque chose que de pouvoir faire engendrer les nombres et multiplier les unités.

Cette situation n'est plus provisoire; elle n'est point encore définitive. Qu'est-elle donc? préparatoire : c'est un passage.

Où ce passage aboutit-il? à un établissement fixe; le nom n'importe guère. Son objet est la recomposition de l'ordre social.

J'envisage cet ordre sous deux aspects. Autour de moi, que vois-je? des partis qui se disputent par amour-propre, des factions qui se déchirent par cupidité. La cupidité et l'amour-propre sont bien permis à la suite d'une révolution qui promit des curées à tout le monde. Tout le monde d'ailleurs n'est pas fait pour avoir de l'ambition et de l'orgueil.

Eh bien! il faut enivrer l'amour-propre et saturer la cupidité. C'est à quoi j'ai songé jusqu'alors, c'est ce que je n'oublierai pas dorénavant. Que si le philosophe me fait observer que ce sont des passions basses, j'en conviendrai; que j'ai tort de les assouvir, je n'en conviendrai pas. Faudrait-il mieux les déchaîner à jeun? Moralistes, prêchez-les; satiriques, livrez-les aux morsures de vos épigrammes : moi je les employe. Depuis quand le maçon rejette-t-il les matériaux anguleux et réfractaires ? J'exclus pourtant de l'édifice les assassins sans courage et les voleurs sans adresse. Romulus fut moins délicat.

Qui n'a vécu qu'avec les livres, s'imagine qu'on ne saurait vivre avec les passions ; qui les a vues de près, les trouve plus accommodantes. Que veulent-elles en effet ? ce que veut tout le monde, vivre. Droit légitime ! mais il faut aussi que les moyens le soient. C'est donc à les leur offrir que doit tendre la main qui pourrait les tuer. Les tuer ! je m'abuse : on tue les hommes ; les passions sont immortelles.

Jusqu'ici je n'ai pas cherché, par la suite je ne chercherai pas à les détruire, mais à leur donner le change, en les *utilisant*. Si les opinions ne sont que ces mêmes passions qui ont pris la couleur du siècle, quoi de plus aisé que de les métamorphoser en intérêts ? Créer des intérêts et les y admettre, c'est donc tout à la fois neutraliser ce qu'elles ont d'hostile, fixer ce qu'elles ont de vague, et augmenter d'ennemis réconciliés les auxiliaires du gouvernement.

De nouveaux intérêts engendreront de nouvelles mœurs ; je ne dis pas de meilleures. Tout change, et les mœurs doivent changer avec tout. Pour être meilleures, il suffira qu'elles soient nouvelles. C'est qu'alors elles ne contrarieront pas les lois.

D'où viennent les révolutions? de ce que la législation s'arrête, et que les mœurs marchent. Faut-il que les mœurs rétrogradent, ou que les lois avancent? L'important, le difficile est de les accorder. L'unité de pouvoir en viendra seul à bout : je l'ai essayé avec succès.

Hormis l'écume féodale et la lie jacobine, j'ai trouvé dans les partisans de la révolution, comme dans ses adversaires, de très-bons instrumens. Les uns réclamaient *la liberté*, les autres redemandaient *l'ordre* : j'ai traduit ces mots par celui de *jouissance*, et des ennemis, en apparence, irréconciliables, ont parlé la même langue et se sont assis à la même table. Encore une fois, tout est d'accord, quand il s'agit de vivre.

A ceux-ci j'ai parlé d'honneur, j'ai offert la gloire; à ceux-là j'ai présenté la fortune ; à un petit nombre, la puissance. Tous ont répondu à l'appel. Je dois ajouter par esprit de justice, que tous aussi ont été sensibles au cri de patrie et de liberté.

Toutefois le gros du peuple ne s'y méprend pas : pour lui, la liberté, c'est la prospérité, c'est-à-dire l'industrie ; la patrie, c'est la propriété. Hobbes et Montesquieu ne diraient pas mieux.

Mon but marqué par les vœux du peuple, que la contagion a faits ses besoins, j'ai dû aviser aux moyens de les satisfaire ; car c'est là qu'est le terme de la révolution qui abat et le commencement de la révolution qui élève. Notez, que je ne dis, ni ne veux dire, qui relève : il ne s'agit pas de recrépir des masures gothiques, mais de bâtir à neuf sur un terrain nétoyé.

En plongeant de haut sur la société, j'y ai démêlé trois classes : celle qui jouit, celle qui souffre, et celle qui, par regret ou par espérance, désire. Diminuer alternativement les deux premières, au bénéfice de la troisième, et se servir de la troisième comme d'une étape où les deux autres changent mutuellement de route : telle a été ma pensée; telle elle sera long-temps. Dans le petit nombre d'opulens, dans le nombre plus petit encore de misérables, dans le nombre toujours croissant de la classe moyenne, j'ai cru trouver la solution du problême social. S'il est vrai que la population, instrument de l'agriculture, du commerce et de l'industrie, soit la richesse des États, qui l'augmentera plus qu'un système qui conduit les riches au dépouillement du superflu par la satiété, les indigens à la conquête du nécessaire par le besoin, les classes moyennes à l'aisance par le travail ?

Il y a trois routes pour arriver à ce triple résultat, et je les ai frayées toutes trois : la circulation des capitaux, l'activité de l'industrie, l'aménagement des propriétés. J'entends par ce mot leur création, leur échange, leur agglomération, leur morcellement surtout, si indispensable pour asseoir la liberté civile et l'indépendance nationale. C'est pour arriver à l'agglomération des propriétés que l'industrie s'exerce, que les capitaux travaillent ; mais c'est pour finir par leur morcellement que l'agglomération a lieu. Celle-ci est de sa nature provisoire, l'autre est définitif; l'une est le moyen, l'autre le but. L'industriel produit, le terrien consomme, le capitaliste fait la commission entre eux ; le petit propriétaire seul place dans une balance égale ses consommations et ses produits. Puisque, dans un temps donné, les uns sont en équilibre avec les autres, et que les domaines d'une part et leur possesseur de l'autre, présentent ensemble la matière à ouvrer et l'ouvrier, leur réunion ne doit-elle pas définir la propriété? C'est ainsi que commença toute association ; et c'est à ce principe que, par la double filière des lois et des mœurs, remontera celle que je dois régénérer.

Pourquoi alors, me dira-t-on, n'admettre au droit de cité que les grands propriétaires ? Entre votre doctrine et son application, n'y a-t-il pas contradiction ? C'est faute de s'entendre, et surtout faute de réflexion, qu'on hasarde des objections semblables. Locke, excellent définisseur et mauvais logicien, a voulu qu'on définît les termes.

Qu'est-ce que le droit de cité? ce n'est pas comme on le répète ridiculement, l'admission aux bénéfices de la société, mais la faculté d'admission à ses charges. Je nomme ainsi ce que l'ambition d'un marguillier appelle pouvoirs. Or, l'exercice de ces charges ou pouvoirs n'est le côté avantageux des droits de cité, que par rapport à l'orgueil; quant à ce qui touche la cupidité, il en est le côté onéreux. N'en accorder l'usage qu'aux grands propriétaires, c'est donc, en caressant leur orgueil attaquer leur cupidité; et le refuser aux petits, c'est ménager celle-ci aux dépends de l'autre. Croira-t-on qu'ils m'en sachent mauvais gré? entrer pour un trois millionnième dans la souveraineté, peut sembler superbe à l'oisif millionnaire de la Chaussée-d'Antin, peut-être même lucratif à l'armateur de Bordeaux; mais le clincailler de la rue St.-Denis, l'artisan de Lyon, le défricheur des Landes raisonnent autrement: ils connaissent le prix du temps et la valeur d'un écu. Au surplus, si peu que l'éguillon de la vanité les pique, permis à eux de s'insinuer de rang en rang jusqu'aux plus élevés, c'est-à-dire jusqu'aux plus imposés, où l'obligation de contribuer par son argent aux dépenses publiques, donne l'avantage de les régler et d'en connaître l'emploi. Qui ne voit donc que cette double charge ne doit être imposée qu'à ceux qui ont de l'argent à donner et du temps à perdre?

Tout état où les droits de cité sont positifs et actuels peut-être un état tranquille et même prospère ; il ne sera jamais un état glorieux. La gloire, ne nous faisons pas illusion, n'est que la vanité appliquée aux grands objets ; et de même qu'il n'y a pas de vanité sans émulation, il ne peut y avoir de gloire sans concurrence. Cette concurrence, je l'établis dans la chance facultative de l'admission aux droits, ce qui n'altère nullement le principe de l'égalité, puisque cette chance est ouverte à tout le monde. C'est à chacun à se la rendre plus ou moins favorable, suivant son plus ou moins de talent. Un gouvernement, dont les institutions tendent à donner à ces talens toute l'extension dont ils sont susceptibles, a donc résolu le problême le plus épineux de l'ordre social, l'égalité de prétentions et l'inégalité de moyens. C'est où je vise ; et le consulat à vie me donne le temps de m'y préparer.

Mes institutions sont prêtes, j'en ai jeté les bases ; le plus difficile n'est pas de les élever : c'est l'affaire du temps.

Il y a des lois durables : ce ne sont pas celles qui sont conformes aux mœurs, comme on le dit sans réflexion, car les mœurs variant sans cesse, elles altèreraient les lois ; ce sont celles dont l'esprit est analogue au caractère de la nation pour laquelle elles sont faites. Voilà les lois que j'aime, parce qu'elles pivotent sur un point fixe et mobile tout à la fois. Ma législation sera trempée dans cet esprit : quelque chose qui arrive, elle survivra.

Dans la discussion des lois j'écoute tout le monde : cela n'engage à rien ; dans leur rédaction, je consulte les élèves de Condillac et non ses successeurs, qui prennent trop souvent le vide pour la profondeur ; dans l'exécution je ne m'en rapporte qu'à moi.

En fait de législation, ce qui est écrit peut donner de belles théories et augmenter le nombre des bons livres ; mais qu'est-ce que des lois de papier, sans une exécution de fer ? C'est par elle surtout que j'estime Charlemagne.

Je me sens sa force : que n'ai-je son génie !

Comme lui, j'occupe le pouvoir ; mais autrement que lui, il m'a fallu le conquérir. Pourtant, que m'eût servi la conquête, sans l'occupation, et que me servirait l'occupation sans l'organisation ? Tant que l'occupation fut provisoire, je fus réduit à tâtonner ; la voilà définitive, je serai plus hardi ; mais ce définitif, qui s'arrête à moi, peut-être demain remis en question : une révolution ne se termine pas conditionnellement, et le ciment des nouvelles fondations est la perpétuité des fondateurs.

Pour les gouvernemens, il n'y a de solide que le décisif ; pour les peuples, il n'y a de sécurité que dans le perpétuel. Qu'un citoyen dise le contraire, cela est probable ; il voit de bas en haut et l'action politique marche sur sa tête ; mais que celui qui la fait aller pense différemment, j'en défie.

Les républiques sont de nobles fictions imaginées pour donner le change aux vertus indépendantes et aux vices factieux ; mais la vérité est que du moment où un grand caractère s'est montré, l'illusion cesse, et la république disparaît.

A sa place cependant, on voit surgir, de son naufrage même, une démocratie morale, d'où se banissent d'eux-mêmes les vices qui, réduits à leur valeur, sont les élémens de l'anarchie. L'homme, que son génie a fait chef, ne peut agir que secondé par les vertus. J'entends par ce mot tout sacrifice privé fait à l'intérêt commun.

C'est ainsi que j'ai pu commencer ma restauration. Entourré d'hommes énergiques, j'ai tenu les factions dans la stupeur, d'où elles ne sont sorties une ou deux fois que par l'extravagance. Non pas anéanties, mais découragées, elles se tairont dorénavant. Mais les ours du nord rugissent autour de mon berceau : qui les domptera ? la guerre même qu'ils méditent contre moi.

J'ai tort de dire qu'ils méditent : l'ont-ils cessée ? La paix de Lunéville ne fut qu'une trève, et celle qu'on arrange à Amiens contiendra des germes meurtriers.

Mais ces germes feront explosion contre ceux qui les auront semés : la guerre sera fatale à ses provocateurs.

Où nous conduira-t-elle ? eux à la sujétion, moi à la suprématie. On dira que ce dénouement était dans mon ambition : il est plus dans la nécessité. Moi, je ne suis qu'un instrument meilleur qu'un autre.

Au point où en sont les choses, la mer est trop étroite pour contenir l'Angleterre et nous : elle ne veut pas de partage, nous ne devons pas en vouloir Qui décidera le différend ? jusqu'à ce qu'il soit partagé, c'est sur le continent que s'engagera la querelle, et la question principale descendra à la seconde place. C'est que si l'empire de la mer est décidé par le sort de l'Angleterre, c'est celui de l'Europe qui résoud celui-ci. Or, dans moins de deux ans, le sort de l'Europe passe dans mes mains.

Avec lui, celui de la civilisation ; car la révolution de France, maniée par moi, n'est qu'un outil de civilisation. Alors seulement tombera cet ancien système féodal, qui eut son beau côté, mais qui parait hideux depuis, qu'en l'examinant, on l'a retourné.

Le traité de Westphalie avait rajeuni ce vieil édifice en le cimentant ; mais le temps, qui toujours chemine, a émancipé les peuples : ils ont pris la liberté de détacher le ciment, et le bâtiment croule.

On demande une main pour le relever ; il faudrait mieux qu'elle accélérât sa ruine.

Le terrain nettoyé, on édifierait sur nouveaux plans. Que l'Autriche ne bouge, car ce n'est plus à trente lieues de Vienne que je signerais la paix. Quant à la Prusse, qu'elle tremble que Valmy n'ait un lendemain.

La Russie seule me gêne : je la vois, brisant cette fragile barrière de la Pologne, déborder jusqu'au Rhin. Dieu des armées, donnes-moi du temps, et que je rejette en Asie ce Boyard qui se croit des sujets parce qu'il mène des troupeaux de cosaques! Cependant j'estimais Paul ; et quand son fils l'aura vengé, nous pourrons nous convenir.

Alors, la prépondérance de la France sera assurée. Pour y arriver, que faut-il ? des hommes.

CHAPITRE II.

Traité d'Amiens, ou paix avec l'Angleterre. On remarque que le ministère, qui avait soutenu la guerre, n'est pas celui qui signa la paix. Mais M. Pitt, qui, dans cette occasion, cède la plume à lord Sydmouth, prédit que la paix n'est qu'une trêve et *ne tiendra pas*. Accomplissement de cette prédiction. Commencement du Système continental. Mesures extra-constitutionnelles relatives aux émigrés. Législation de la Légion-d'Honneur et police du sénat. Organisation de l'Institut. Projet de Code civil.

A travers nos considérations, suivant notre coutume, nous ferons passer le fil des événemens. Celui qui parut décisif, au moins aux patriotes superficiels, avait précédé de quelques mois le consulat à vie : nous voulons parler du traité d'Amiens. Confirmatif de celui de Lunéville, il stipulait la restitution à la France, à l'Espagne et à la Hollande, de leurs colonies, la Trinité et Ceylan exceptées. La navigation du Cap de Bonne-Espérance devenait commune aux parties contractantes. Les pêcheries de Terre-Neuve et du Golfe Saint-Laurent étaient rétablies comme avant la guerre. Pour prix de ces stipulations, qui nous rouvraient toutes les mers, nous consentions à la restitution de l'Egypte, devenue, comme nous l'avons dit, aussi difficile à garder, qu'il avait été facile de la conquérir. Si nous devions évacuer le royaume de Naples et les Etats romains, les Anglais devaient abandonner Malte et l'île d'Elbe. La neutralité de la première de ces îles et l'indépendance de son Ordre étaient garanties par la France, l'Angleterre, l'Autriche, l'Espagne, la Russie et la Prusse. Enfin le traité reconnaissait la république des Sept-Iles, comme une sorte de contre-poids ménagé à la France contre l'ascendant probable des Anglais dans la Méditerranée.

Selon l'usage du gouvernement britannique, le ministère, qui avait soutenu la guerre, ne signa point la paix; et l'on remarqua que M. Pitt, en confiant l'administration à M. Addington, depuis lord Sydmouth, avait prédit que le traité d'Amiens ne tiendrait pas. C'était aussi, comme on l'a vu, l'opinion de Bonaparte. A juger de l'intention de ces deux personnages, on peut croire qu'ils en avaient plus l'espérance que la crainte; car c'est assez le sentiment de deux ennemis qui se réconcilient avec les moyens de se nuire. Pour être généreux, il semble qu'il faille tout posséder ; comme pour se croire affaibli, l'on dirait qu'il faut avoir tout perdu. En politique, qui se sent des forces égales, n'est pas loin de les vouloir essayer ; et la réconciliation qui les trouve au même point, n'est souvent qu'un répit pour mieux recommencer.

C'est ce qui arriva. Par son message du 8 mars 1803, le roi d'Angleterre, prétextant des armemens dans les ports de France et de Hollande, annonça au Parlement que l'état de paix ne pouvait continuer de substituer entre les deux nations. L'embargo fut ordonné sur les vaisseaux français et hollandais ; la rupture suivit bientôt. Par représailles, dès le 3 juin, nous occupâmes le Hanovre, dont le gouvernement passa sous l'administration française. Ordre émané de l'amirauté britannique pour que ses vaisseaux s'emparent de tous les établissemens hollandais. Décret du gouvernement consulaire qui, dans tout le ressort de sa domination, prohibe les marchandises anglaises. On reconnaît dans la nature de ces mesures hostiles, le caractère de la rivalité commerciale plus que celui de l'inimitié politique ; on y découvre les avant-coureurs d'une guerre dont le gage et le prix sont les trésors du monde et qui doit finir par l'extermination.

Au milieu de cette levée de bouclier, les puissances du nord, sans oublier leur convention du 27 juin 1801, contre la France, n'y donnent pourtant aucune suite, paraissent au contraire fidèles au traité d'Amiens et attendent que les événemens les avertissent si elles peuvent cesser de l'être avec sécurité. Paraît alors, sous la médiation de la France et de la Russie, le recès de la députation de l'Empire germanique qui fixe, en exécution du traité de Lunéville, les indemnités de l'empereur, des rois de Prusse et d'Angleterre, (ce dernier en qualité d'électeur d'Hanovre, dont, quelques jours après, la France prononce le séquestre,) des électeurs, des landgraves et des rhingraves, des princes, des ducs, des comtes, des ordres Teutonique et de Malte, de la république helvétique, des villes libres impériales conservées ; enfin des divers États de l'Empire dépossédés sur la rive gauche du Rhin.

La France cependant prélude à ces vastes mouvemens qui, quelques années après, changèrent la situation de l'Europe et les rapports de sa politique. Tandis que l'Espagne et le Portugal se conservent, quant à l'Angleterre, dans une stricte neutralité, et ménagent, avec la France, la continuation d'une intimité secrette ; la Suisse, qui, au milieu des différends suscités par les partis, a invoqué l'intervention du premier consul, conclut, sous la médiation de ce magistrat, les actes des constitutions particulières de ses dix-neuf cantons, et l'acte fédéral du corps helvétique. La république française renouvelle avec elle ses traités d'alliance et les capitulations militaires exigées par une population exhubérante, dont celle de France n'a nul besoin de s'augmenter, mais qui convient probablement aux vues ultérieures du premier consul.

Par diverses réunions, ce magistrat commence le système de développement continental, dont la France était le centre et qui reçut successivement une si prodigieuse extension. Sur la rive gauche du Rhin, elle comptait déjà quatre nouveaux départemens; elle en possédait plusieurs en Belgique; l'île d'Elbe et le Piémont en augmentèrent le nombre. Parme, Plaisance et Piombino ne furent point réunis, mais frappés d'une sorte de séquestre, et sous leurs anciens titres de *principautés*, administrés pour la France, au nom de son suprême magistrat.

C'est aussi de cette époque (avril 1803), que date la cession aux Etats-Unis de la Louisiane, que, dix-sept mois auparavant, l'Espagne avait remise à la France.

À l'intérieur, le consul continuait de consolider son établissement par des déterminations importantes et des institutions remarquables. Au nombre des premières, il faut compter l'amnistie définitive accordée aux émigrés qu'on y avait depuis quelque temps préparés par des mesures provisoires. Les adversaires du gouvernement observaient que cette amnistie qui rouvrait, non pas à des ennemis, mais à des traîtres, les portes de la France, était en contradiction directe avec l'article 93 de la Constitution, qui déclare « qu'*en aucun cas*, la nation française ne souffrira le retour des Français qui, ayant abandonné leur patrie depuis le 14 juillet 1789, ne sont pas compris dans les exceptions portées aux lois rendues contre les émigrés. » Ils faisaient remarquer que l'amnistie s'accordait difficilement avec cette disposition du même acte constitutionnel, « qui *interdit toute exception* nouvelle sur ce point. » Ils demandaient si, dans l'hypothèse admise de l'amnistie, il était bien juste de conserver la confiscation des biens des émigrés « irrévocablement acquis au profit de la république, » comme ajoute le même article; et si, d'un autre côté, il ne serait pas plus injuste encore de supprimer cette confiscation, dont les efforts avaient fait passer entre les mains de plus de cinq millions d'acquéreurs de bonne foi des propriétés payées légalement, et que, dès-lors, ceux-ci regardaient comme légitimes. Enfin, les censeurs craignaient que dans une mesure d'indulgence particulière, on n'eût placé, même sans le vouloir, un levain d'inimitiés probables, de haines intéressées, de troubles et de procès. A des objections aussi spécieuses, auxquelles le sénatus-consulte d'amnistie ne pouvait répondre qu'en leur opposant « la con-

» formité de cette disposition avec l'esprit de la
» Constitution, » le premier consul répondit, lui,
d'une manière plus tranchante, et qui, il le faut
avouer, fut suivie d'un plein succès. De la plupart
des émigrés rentrés, il fit ses écuyers et ses chambellans, lorsque son élévation au trône l'eût entouré de cette brillante domesticité qui fait le luxe
des trônes. Presque tous trouvèrent, dans ces honneurs serviles, la compensation de leurs pertes ;
et on leur doit cette justice, qu'ayant continué
sous un monarque révolutionnaire, cette obéissance
passive dont ils avaient fait l'apprentissage sous son
débonnaire prédécesseur, ils donnèrent lieu à peu
de plaintes, parce qu'ils semblèrent n'éprouver
aucun regret.

« Cette théorie de l'obéissance passive, conséquence forcée du droit divin, si nous la trouvons,
par reconnaissance peut-être, chez les émigrés rentrés, il sembla que le concordat en imposât aux
prêtres le devoir encore plus formel. Nous aurons
bientôt à apprécier l'esprit du clergé catholique,
dont nous ne constatons ici que la résurrection,
pour ainsi dire, matérielle. C'est au moment dont
nous nous occupons qu'il fut réorganisé, et que
les autres communions reçurent aussi, avec une
nouvelle existence, des règles de police qui les
coordonnèrent avec le culte dominant. Alors seulement, cette tolérance dont le principe, invoqué

depuis des siècles, n'était légalement reconnu que depuis douze ans, passa des thèses philosophiques à la pratique de l'administration. C'était un grand pas vers l'indifférence, c'est-à-dire, vers la suppression de toute influence, de tout ascendant de l'autorité sur la matière religieuse ; indifférence qui ne touche en rien à la discipline, qu'elle ignore, ni au dogme qu'elle veut ignorer, et sans laquelle en fait de conscience et de culte, il ne peut y avoir de liberté.

Ce fut aussi durant les premières années du consulat à vie, qu'on soumit à une législation spéciale l'institution de la Légion-d'Honneur. Elle se composa d'un grand conseil d'administration et de seize cohortes, auxquelles furent réparties seize portions territoriales de la France. La décoration fut prescrite ; les grands-officiers et commandans furent nommés ; on organisa la chancellerie et la trésorerie. Nous trouverons, à une époque plus rapprochée, la superfétation des grands-aigles ; mais, comme pour expier cette innovation, nous aurons à bénir la fondation des maisons impériales consacrées, les unes au nombre de six, aux orphelines de la Légion-d'Honneur ; les autres, au nombre de deux, à l'éducation des filles des membres de cette Légion.

Par sénatus-consulte du mois de janvier 1801, l'administration économique du sénat avait été soumise à des règlemens. Le plus remarquable crée pour la direction de l'ordre, de la police intérieure et extérieure, et de la comptabilité, deux préteurs, un chancelier et un trésorier, tous pris dans le sein du sénat. Une somme de quatre millions, à prendre sur le produit des forêts nationales, doit être versée annuellement dans sa caisse, ainsi que celle d'un million de revenu pris sur des biens nationaux affermés pour une pareille somme, moitié dans les départemens du Rhin, moitié dans ceux du Piémont. On remarquera, comme une disposition naturelle à l'esprit du gouvernement, que les officiers du sénat étaient nommés, sur sa présentation, par le premier consul ; qu'ils travaillaient avec lui, et que ce magistrat présidait le conseil annuel d'administration dans lequel était réglé ce qui concernait les dépenses du sénat.

La création des sénatoreries porta tous les caractères de la nouveauté. C'était des établissemens, en même nombre que chaque arrondissement des tribunaux d'appel, chacun doté d'une maison et d'un revenu annuel en domaines nationaux de vingt à vingt-cinq mille francs. Ils étaient possédés à vie par des sénateurs que le sénat présentait au premier consul, et qui étaient obligés de résider au moins trois mois de chaque année dans leur chef-lieu. Ces sénateurs remplissaient les missions extraordinaires que le consul leur donnait dans leur arrondissement, et lui en rendaient compte directement.

Quand parut cette création de sénatoreries, on eut peine à se rendre raison des motifs qui l'avaient suggérée. Etait-ce pour exciter la cupidité des sénateurs? Chacun d'eux jouissait d'un revenu considérable et d'un état distingué ; leur émulation, qu'en effet pouvait amortir peu à peu leur éloignement constitué de toute autre fonction sociale? On voit difficilement comment auraient pu la ranimer quelques *missions extraordinaires*, dont la nature n'était pas définie, dont l'objet n'était pas même indiqué, et dont, par conséquent, l'utilité restait au moins problématique. En attendant que le temps éclairât ces nuages, il fut permis de ne voir, dans les sénatoreries, qu'une source riche et solide de corruption, également destinée à enchaîner les sentimens nobles et à démuseler les passions viles. On ne croit pas que ces réflexions aient jamais fait rougir ceux qui en étaient les objets; mais plus d'une fois le public, en recevant avec murmures des sénatus-consultes désastreux, a rougi pour ceux qui les avaient présentés, pour ceux qui trouvaient, dans une faconde fallacieuse, tant de sophismes pour les justifier ; et il ne se rappelait de l'institution des sénatoreries que pour y déplorer l'un des moyens d'une tyrannie exigeante et la cause la plus prochaine d'une coupable servilité.

Admirez la rectitude de l'esprit public et le tact de l'opinion ! Ce même public, qui avait accueilli avec enthousiasme l'institution de la Légion-d'Honneur, avec réprobation celle des sénatoreries, applaudit sincèrement à la nouvelle organisation de l'Institut. Nous en avons déjà dit deux mots. Cet *Institut*, vraiment *national*, dans l'acception la plus honorable du mot, appartenait en effet à toute la nation, dont il était la fleur littéraire. Destiné, selon le décret de sa fondation, à perfectionner les sciences et les arts, par des recherches non interrompues, par la publication des découvertes, par la correspondance avec les sociétés savantes et étrangères, à suivre les travaux scientifiques et littéraires qui ont pour objet l'utilité générale et la gloire de la France, il était divisé en quatre classes, des sciences physiques et mathématiques, de la langue et de la littérature françaises, d'histoire et de littérature anciennes, des beaux-arts. Cinq commissions littéraires, (celle du Dictionnaire de la Langue française, celle des Inscriptions et Médailles, celle du Dictionnaire de la Langue des Beaux-Arts, celle de l'Histoire littéraire de la France, celle de la Notice des manuscrits, du Recueil des Ordonnances des rois de France, et du Recueil des Historiens des Gaules et de la France), faisaient de cette société une corporation active, composée d'artisans littéraires, qui n'abusaient ni de leur célébrité, ni des ouvrages qui la leur avaient méritée, pour obtenir à une ancienne réputation les prix dus à de nouveaux travaux. La besogne, répartie avec sagacité, produisait un résultat consciencieux ; et chacun de ceux qui y coopéraient, se croyant comptable envers l'opinion, concourait à la satisfaire, en enrichissant la science dans ses diverses branches, de nouveaux produits, gages des progrès de l'esprit humain, et sa plus noble récompense.

J'ai déjà parlé des divers projets de Code civil, et je m'en expliquerai plus tard avec détail. Qu'il suffise de constater maintenant l'époque de sa publication. Dans un temps moins fertile en créations, quelle sensation celle-ci n'eût-elle pas produite ! Si les jurisconsultes pouvaient, mieux qu'aucun, en apprécier l'uniformité, combien la béniraient les peuples qui allaient en profiter ! Aux cinq cents coutumes qui, pour gouverner les intérêts, ne savaient que contrarier les formes et opposer les jurisprudences, succédait enfin une loi unique, simple dans son principe, universelle dans ses applications, féconde et morale dans ses résultats. L'uniformité de décision, nous nous plaisons à le redire, y était consacrée par la communauté d'intérêts ; et la clarté grammaticale des définitions y rehaussait l'exactitude logique. C'était l'Assemblée constituante qui avait posé les premières bases de ce bel ouvrage ; et malgré les différentes modifications que les circonstances lui avaient fait subir, c'était encore des membres de nos assemblées nationales qui venaient d'achever l'édifice.

CHAPITRE III.

Examen de l'affaire du duc d'Enghien.
Procès de Moreau, Georges et Pichegru. Y avait-il conspiration entre ces trois hommes? Leurs caractères et leur conduite. Ont-ils été jugés légalement? Vues sur la peine appliquée à Moreau. Doutes sur le suicide imputé à Pichegru.

Un jeune prince, collatéral de l'ancienne maison royale, vivait solitaire sur un territoire neutre : le premier consul le fait enlever, traduire devant une commission militaire, et fusiller quelques heures après.

Un général, retiré dans ses terres, est accusé de complicité dans une conspiration contre-révolutionnaire : cité devant une cour spéciale, il est condamné à une détention temporaire, que le consul commue en un exil perpétuel.

Avant de recueillir sur ces deux faits analogues les témoignages de l'une et l'autre opinion, rappelons quelques principes.

Après le crime d'asservir sa patrie, le plus grand est de conspirer contr'elle. C'est conspirer contre sa patrie, que de conspirer contre le gouvernement que son vote exprès a légitimé. Je pourrais étendre cette doctrine plus loin, en ajoutant que c'est aussi conspirer contre sa patrie, que de conspirer contre l'homme ou les hommes qui la gouvernent de son consentement tacite. Cependant, sans offenser saint Paul qui préconise le gouvernement de fait, en recommandant la soumission aux puissances, je m'en tiens à la première proposition, dont je crois qu'on ne contestera ni la justice, ni la justesse, ni l'évidence, ni même la nécessité. Peuples et princes s'accorderont pour, qu'en thèse générale, elle soit mise hors de discussion; et il n'y aura que quelques jésuites qui voudront l'y replacer par des exemples particuliers.

Maintenant m'accordera-t-on deux choses : la première, que Bonaparte, par le vote exprès de la nation, était premier consul de France; et dans la supposition qu'on chicanât sur ce vote *exprès*, m'avouera-t-on que du moins, il était consul, c'est-à-dire gouvernant, par consentement *tacite ?*

La seconde concession que je demande ne peut pas souffrir plus de difficulté. Etait-il constant (pour me servir de la formule judiciaire) que le duc d'Enghien eût *machiné* contre la France, ou seulement *intrigué* contre le premier consul ? Etait-il constant que Moreau, dans l'hypothèse même du salut de la France, eût *conspiré* contre son suprême magistrat ? Si je consulte la déclaration unanime de la commission qui condamna le duc d'Enghien, ce prince avait ou machiné contre la France ou intrigué contre le consul ; si je lis la déclaration de la majorité qui motiva la condamnation de Moreau, ce général avait conspiré contre le gouvernement. Que la première de ces déclarations ait été l'expression d'une opinion intéressée plutôt que celle d'une vérité démontrée, je le crois fermement comme homme, et j'appelle *assassinat politique* l'exécution qui la suivit ; mais en qualité de narrateur, il faut bien que je dise que les actes de machination ou d'intrigue ont été ou ont paru être constatés, et qu'il en est résulté des faits que la commission a réputé coupables, ou que du moins elle a punis comme tels. En ce qui concerne les actes sur lesquels fut prononcée la culpabilité de Moreau, comme leur intention a été démontrée par les événemens subséquens, le fait judiciaire que la cour en avait tiré a cessé d'être problématique.

Présentement que quelques circonstances, si faciles à naître de la main d'un gouvernement, aient favorisé leur perte et son triomphe, je le crains ; et c'est ici qu'un point décidé judiciairement, rentre dans un nouveau débat provoqué par l'opinion.

A la nouvelle de l'exécution du duc d'Enghien, elle se souleva avec une sorte d'horreur contre celui qu'elle flétrit à l'instant même du titre de son assassin : tant que dura le procès de Moreau, elle exhala en longs murmures, et quelquefois en menaces, l'irritation qu'elle ressentait; et lorsque ce général fut condamné, elle faillit éclater pour sa délivrance et peut-être pour la perte de l'homme dont il était le rival et qu'elle regardait comme son ennemi.

Toutefois, qu'on ne s'abuse pas : l'intérêt vif et tendre que tous les cœurs portèrent au duc d'Enghien, n'avait avec la circonstance politique qu'un rapport partiel et fort éloigné ; on plaignit, dans ce prince, sa jeunesse, sa bravoure, ses amours mêmes si tragiquement interrompus ; on gémit sur le sort de ces noms historiques qui, s'ils ne continuent à s'illustrer sur un trône, semblent predestinés à s'éteindre sur un échafaud ; enfin, au récit des lugubres accessoires qui avaient entouré sa mort, on frémit de cette terreur que le retour des révolutions inspire et qui s'augmente encore des larmes d'une stérile pitié.

Quant à Moreau, si renommé dans l'armée, si considéré parmi le peuple, son procès, ainsi que je viens de le dire, et sa condamnation, produisirent sur l'un et l'autre un effet plus profond et des émotions plus sérieuses. Il répugnait aux hommes impartiaux de voir ce général si long-temps républicain, assimilé au royaliste Pichegru, et assis à côté de chefs vendéens. Qu'il eût connivé avec eux, c'est ce qu'on ne voulait pas savoir, afin de ne le croire pas. Qu'il fût coupable, ou seulement imprudent, c'est ce dont on ne se permettait pas l'examen. Et quand sa condamnation fut prononcée, on accueillit comme un outrage la clémence qui semblait lui en ôter l'honneur.

Veut-on maintenant toucher à quelques-uns des ressorts secrets de ces deux sanglantes affaires? Parmi les hommes auxquels Bonaparte avait confié le pouvoir, était un personnage que des crimes révolutionnaires avaient, pour ainsi dire, marqué de sang, et qui, sur ces affreux stigmates, étalait plus horriblement encore l'empreinte du sang du roi; d'ailleurs ne manquant ni d'une sorte de bienveillance circonstancielle, que ceux qu'il obligeait appelait bonté, que ceux qu'il trahissait nommaient perfidie, et qui n'a, dans cette âme essentiellement personnelle, d'autres mobiles qu'une prévoyance égoïste et des calculs intéressés. Si depuis long-temps les jacobins accusaient Bonaparte de marcher à la dictature, les royalistes feignaient de soupçonner qu'il n'y tendait que pour en faire le marche-pied de la royauté. En prodiguant avec affectation des éloges à Monck, ils entendaient que dans le portrait de ce restaurateur des Stuarts, on démêlât celui du restaurateur des Bourbons, et ils présentaient la conduite de l'un, comme devant bientôt servir de modèle à l'autre. Ainsi l'opinion se dénaturait insensiblement, et à tel point que ces attaques atteignirent l'homme du monde qui plus impunément qu'un autre aurait pu les mépriser. Déjà, dans le rêve que ses terreurs réalisent, il voit la perte de son immense fortune et redoute peut-être davantage. En jetant un regard d'effroi sur la restauration de Charles II, déshonorée par une réaction sanglante, il lit son nom parmi ceux qu'elle a proscrits : c'est avec du sang qu'il l'effacera. Par un fatal concours de circonstances, comme chargé de la police, il venait de surpendre la correspondance du duc d'Enghien avec quelques contre-révolutionnaires de Strasbourg : on trouvait, dans cette correspondance, des imprudences peut-être répréhensibles, quelques fanfaronnades et l'ébauche vague, sans liaison et sans possibilité, d'un projet criminel. Par une singularité, digne de remarque, le jeune prince parlait de Bonaparte avec admiration ; et quoiqu'intéressé à le haïr, comme usurpateur, il se montrait le digne descendant du grand Condé, en l'appréciant comme général. C'est ce qu'on eût soin de cacher au consul, auquel, dans un rapport envenimé par la crainte, on exagéra un écart que le nom de son auteur montrait comme important, et que l'occasion rendait criminel. Voilà, lui dit un perfide conseiller, voilà l'instant de rompre avec les royalistes, comme naguère vous avez rompu avec les républicains. A ceux-ci, qui caressaient encore leur chimère, vous avez répondu par la réduction du tribunat ; réfutez ce surnom de Monck, dont les autres vous flétrissent, en vous dérobant à l'occasion qui pourrait vous le mériter. Ce sophisme, que la plus insigne mauvaise foi inculquait à l'ambition, ne justifie pas le consul, sans doute, il ne fait qu'expliquer sa conduite; et s'il est vrai que sur la tombe ensanglantée du prince, on ait fait briller aux yeux de Bonaparte une couronne plus splendide que celle des Bourbons, doit-on s'étonner que, pour l'aider à la saisir, il n'ait pas dédaigné la main des bourreaux?

Appliquerons-nous cette réflexion à la catastrophe qui épargna Moreau et enveloppa Pichegru avec Georges? Une analyse exacte ne l'y trouverait peut-être pas étrangère; cependant quelques aperçus moins subtils jetteront plus de clarté et plus d'intérêt sur la matière qui nous occupe.

Bonaparte n'était point le rival de Moreau, comme une erreur intéressée l'a prétendu; mais il ne serait pas impossible que Moreau se fut cru le rival de Bonaparte. Avant de se décider à cet égard, si l'on consulte les gens du métier, que l'on pressente auparavant leur système et leurs opinions. Celles-ci, au temps où nous vivons, inspirent la plupart des jugemens; et j'ai vu des militaires, qui, d'ailleurs n'étaient point insensés, refuser la bravoure personnelle au vainqueur de Marengo, d'Austerlitz, d'Iéna et de Friedland, sous prétexte qu'un despote est toujours un lâche. Avec une telle logique, on va loin ; mais on ne marche guère plus sûrement, lorsqu'on s'appuie sur un système exclusif. Ainsi les admirateurs de la tactique lente et circonspecte de Wellington invectivent contre les vastes conceptions, les grandes manœuvres et la fougueuse stratégie de Bonaparte : par le même motif, les mêmes hommes regardent Moreau comme le restaurateur de la science militaire ; et confondant deux rapports sans analogie, ils vantent son humanité, au lieu de prouver son génie. Le génie de Moreau, d'un ordre tout autre d'ailleurs que celui de Wellington, avait avec lui cette ressemblance que, profondément méditatif, il faisait entrer, dans ses plans, une foule de petites circonstances étroitement liées entr'elles, et si heureusement que, de leur enchaînement ou simultané ou successif, devaient résulter des succès moins brillans que sûrs, ou des échecs moins éclatans et plus réparables. Delà ces développemens si ingénieux dans les ordres de bataille ; ces ressources, presqu'inaperçues, mais sensibles, pendant les besoins de l'action ; ces moyens inattendus qui en décident la crise, et surtout ces retraites également savantes, majestueuses et adroites qui réparent de grands désastres et conservent de beaux débris.

J'ai dû caractériser le talent de Moreau, parce

qu'il fut à la fois le principe de sa gloire et la cause de sa perte. En effet, dans un talent de ce genre, la défiance qu'il inspire à celui qui le possède n'est pas toujours de la modestie, et la résistance qu'il oppose à des conceptions qui dérangent ses calculs est souvent de la rivalité. Celle de Moreau avait pu être pressentie dans diverses occasions : elle éclata sans ménagement lors de la campagne d'Italie. Aux ordres du premier consul, décidé à porter au-delà des Alpes les efforts de la guerre, quoique la ligne de ses opérations demeurât sur le Rhin, Moreau avait répondu, d'abord par des subterfuges, enfin par un refus formel. On ne croit pas qu'il ait alors envié le pouvoir, pour lequel il se sentait moins de moyens que de penchant, mais qui, plus tard, lui parut plus facile à aborder, lorsqu'une imposante complicité eut promis de lui en faciliter les approches. Quoiqu'il en soit, cette résistance aux ordres d'un homme qu'il regardait comme son inférieur en talent, attira d'autant plus sa haine, qu'elle lui fut pardonnée. Bonaparte fit plus : la partie principale du plan de campagne de Moreau fut adoptée, c'est-à-dire qu'au lieu de détacher une division de l'armée du Rhin, destinée par lui à couvrir les défilés de la Suisse, il se contenta de fournir à l'armée de réserve un petit nombre de bataillons, et d'envoyer le général Moncey, à la place du général Lecourbe, que le consul demandait comme plus habile pour diriger la guerre dans les montagnes.

Qui ne voit dans cette opposition la première erruption d'une inimitié que le temps ne fit que fortifier et que nourrirent les succès politiques du premier consul ? Ceux de Moreau, non moins importans sans doute, mais plus limités, mais moins décisifs, servaient moins à sa gloire, qu'à l'aggrandissement de son rival : nouveau motif pour le détester davantage. Ajoutons pourtant aussi celui qui honore davantage le vainqueur d'Hohenlinden : il était républicain. A mesure que Bonaparte marchait au pouvoir suprême, il sentait croître sa haine, bientôt aveuglée par un sentiment coupable. Bonaparte, moins puissant, eut rendu Moreau moins conspirateur. Et peut-être ai-je tort de qualifier si sérieusement un caractère si incertain, des plans si vagues, ou peut-être des projets si mal concertés. Ceux de Pichegru, au contraire, étaient fixes, et joignaient à cette qualité celle d'une opiniâtreté que le temps ni les obstacles n'avaient point usée. Depuis long-temps ce général voulait ce que depuis a paru vouloir la France, je veux dire le rétablissement de la maison de Bourbon. Mais, avec beaucoup de loyauté dans son courage, il manquait souvent de direction dans sa conduite. Deux fois, il avait échoué par défaut d'opportunité. Il devait échouer une troisième, dans un moment où rien n'était préparé pour une restauration royale. Peut-être aussi n'était-il pas très-efficace de s'adjoindre Georges, homme énergique et dévoué sans doute, mais que rien ne recommandait auprès de ceux qui, dans les précurseurs d'un roi annoncé comme un père, désirent que les qualités du partisan soient moins célèbres que celle du conciliateur et de l'homme d'état.

On connait l'issue du procès, et j'ai déjà parlé de son effet sur le public. La catastrophe qui termina la vie de Pichegru est restée sous le voile; et quoique la prévention eut voulu y reconnaître la main du premier consul, l'impartialité historique, qui ne la trouve appuyée que sur de frêles conjectures, ne saurait l'adopter. A ces conjectures même, il est de toute équité d'en opposer de contraires : puisque l'on laissa Moreau se défendre, puisque Georges eut la liberté de parler, on ne voit pas pourquoi on eut ôté ces facultés à Pichegru ; surtout on n'aperçoit nullement le motif qui les lui eut fait ôter par un assassinat. Le peuple le connaissait peu, et il y avait long-temps qu'il était suspect à l'armée. Enfin, si comme on l'a prétendu, il avait le projet et le pouvoir d'entraîner dans sa perte le premier consul, dont, en exhibant un traité secret de restauration royale, il aurait démasqué la perfide hypocrisie, n'y avait-il aucun moyen de prévenir son indiscrétion et de soustraire sa personne, et devait-on préférer précisément celui qui exige une coopération difficile et qui laisse des vestiges dangereux?

Au surplus, quelques contradictoires qu'aient paru les avis sur cette affaire, quelque peu d'accord même que le temps ait apporté entr'eux, je ne vois, moi, dans ces cavillations qu'un juste retour du mécontentement public, qu'on peut étouffer, qui dissimule devant la puissance, mais qui, déguisé ou découvert, réagit toujours en raison de son irritation. Celle qu'aurait excitée une conspiration clairement manifestée, se tourna contre la police qui semblait prendre à tâche de l'envelopper d'obscurités; et ne pouvant les pénétrer, elle s'en vengea en les calomniant. Elle s'en vengea plus sûrement encore en repoussant comme contraires aux réformes modernes, l'emploi illibéral d'un tribunal spécial, qu'elle assimila aux commissions extrà-judiciaires. Et lorsqu'usant pour la première fois avec solennité du droit de faire grâce, le consul pensa tempérer par cette indulgence la sévérité de l'arrêt, on induisit de cette indulgence même que l'arrêt était inique, qu'il avait été commandé par l'autorité plus qu'inspiré par la justice, et qu'une clémence tyrannique flétrissait autant ceux qui en étaient les objets, que l'échafaud illustrait ceux que pourtant des crimes réels condamnaient à y monter. Tant il est évident que les excès de la politique conseillent les abbérations morales, qu'ils semblent justifier; et que quand dans la conscience des princes les notions du juste et du vrai sont faussées, leur altération descend avec rapidité dans la foule qui se venge de la contagion, en l'exagérant.

LIVRE QUATRIÈME.

L'EMPIRE.

CHAPITRE PREMIER. (1)

Quatre années de changemens progressifs, d'institutions ébauchées, d'établissemens essayés venaient de préparer pour la république son passage à l'empire : il fut facile ; sans étonnement, parce qu'il fut sans secousses ; sans troubles, parce que les factions avaient disparu ; sans murmures, parce qu'il ne froissa aucun intérêt. Un petit nombre de républicains regretta cette héroïque chimère, que le crime avait enlaidie, mais dont la vertu seule peut souhaiter le retour. Toutefois, dans le titre splendide imposé à la France, personne ne crut retrouver celui de la royauté. Du moins, ce ne pouvait être celle que 1789 avait attaquée, ni même celle que 1792 avait vu dé-

---

(1) Ce livre n'étant lui-même qu'un sommaire des Considérations sur l'empire, aucun de ses chapitres ne comporte de sommaire.

truire. Le nouvel empire se fondait sur les débris de la féodalité ; et, d'un autre côté, il n'y avait pas d'apparence qu'en adoptant les bases du système représentatif, il en conservât long-temps les garanties constitutionnelles. La position intrinsèque de la France, la situation relative de l'Europe, et mieux encore, le caractère personnel de Bonaparte ne permettaient ni de craindre une contre-révolution, ni de supposer que la révolution continuât ses renversemens. Ils étaient suspendus depuis le 18 Brumaire, et tout présageait que les réformes commencées allaient recevoir des complémens solides. Mais ces complémens réclamés par notre législation particulière, ne contrarieraient-ils pas la politique générale ? N'exigeaient-ils pas des développemens diplomatiques proportionnés aux mobiles intérieurs ? Ces développemens pouvaient conduire à plus d'une rupture ; et la modération de Bonaparte pouvait ne pas sembler aussi rassurante que ses projets paraîtraient alarmans.

Quels étaient d'ailleurs ces projets ? On l'ignorait, on ne savait pas même s'il en avait de formés ; mais ceux qui ne vivent pas au jour le jour, s'il est permis de parler ainsi, étaient persuadés qu'il devait en avoir, qu'il ne pouvait pas n'en avoir point. Sans remonter plus haut que la guerre de la succession, et sans s'appuyer d'autre exemple que la guerre de sept ans, ils trouvaient dans l'une et dans l'autre de moindres motifs que dans l'événement qui occupait aujourd'hui l'Europe. Selon eux, proclamer l'empire français c'était déclarer la guerre au monde entier. Ils n'attribuaient pas cet acte à la puérile vanité de revêtir de titres plus imposans une autorité dorénavant incontestée, mais au besoin de fortifier, de consolider cette autorité en l'étendant. Dans cette hypothèse, quelle position était celle de Bonaparte au milieu de la France ; quelle situation la France présentait-elle à l'Europe ; et quelle attitude l'Europe, et par suite l'univers politique seraient-ils amenés à prendre par rapport à tous deux?

Conquérant, législateur et politique, c'était sous ce triple aspect que Bonaparte s'était révélé au monde ; qu'il avait attaché son nom à des actes par lesquels le monde avait été troublé, pacifié et changé ; qu'il semblait l'avoir fixé au terme d'une révolution, dont il avait saisi la direction, dont il venait de nétoyer les embarras, en s'en adjugeant les profits. La gloire d'avoir donné la paix à l'Europe et le bonheur à sa patrie, quand même elle aurait assouvi cette âme inquiète et satisfait ce génie entreprenant, pouvait-elle suffire à ses obligations nouvelles? Il en était un surtout, à laquelle l'orgueil condamne tout homme d'état qui n'est point un sage ; c'est de compter pour rien ce qui est fait, pour peu même ce qui reste à faire, et de toujours se surpasser. Par les talens, l'activité, le courage, Bonaparte était de l'école de César : le moyen qu'il n'en pratiquât point la doctrine !

Et ne semblait-il pas que cette doctrine fût précisément celle qui, sans convenir aux intérêts de la France, souriait à son esprit ? On se le fût vainement dissimulé : quoique harrassée par une révolution longue et sanglante, elle n'était pas tellement fatiguée que la nécessité du repos fût son premier besoin. Son premier besoin, parce que c'était son plus vif plaisir, était d'exhaler cette surabondance de vie que les cinquante dernières années du siècle, avaient fait passer des idées dans la population, dont la révolution avait excité l'effervescence, et qui, dans le calme d'une paix de quelques mois, venait d'acquérir de nouveaux fermens comme pour recevoir d'eux une nouvelle énergie. C'était cette énergie que l'Europe attentive redoutait, puisque, comprimée dans l'intérieur sous la main puissante et adroite qui l'employait, il était à craindre que, dans son excès, cette main ne trouvât d'abondantes ressources pour tenter des projets usurpateurs et déployer la plus vaste ambition. Dans cette supposition, qui avertissait les peuples et intimidait les gouvernemens, on présageait qu'un seul évènement ébranlerait le monde, comme un seul homme le tenait en suspens.

CHAPITRE II.

Il faut bien dire quelques mots d'un accessoire que le préjugé, et ceux qui en vivent, comme ceux sur lesquels on l'exploite, traitent avec plus d'importance qu'on n'en doit même à l'objet principal. Je veux parler de la formalité du sacre et de la cérémonie du couronnement. Tandis que des bouches officieuses semaient dans le sénat les premières idées d'une métamorphose impériale, des politiques d'une autre robe obtenaient à Rome que le premier pontife de la catholicité passât les Alpes pour venir consacrer ce changement. Dans un autre âge, ou peut être seulement à une autre époque, la translation d'un pape eût paru un événement prodigieux, dont son voyage, sa présence à Paris et surtout l'imposante solennité qu'il semblait appelé à présider, n'étaient que les épisodes obligés. Tout cela alors excita plus de curiosité que d'intérêt, et fut regardé comme un de ces spectacles rares, que le cours des siècles amène de loin en loin, et à la suite d'autres spectacles, dont le fonds est lié à l'existence même du genre humain.

Cependant, ce ne fut pas sans émotion que l'on contempla, dans Pie VII, le véritable successeur des apôtres, que retraçaient sa douceur et sa simplicité; et cet humble personnage, fortement contrasté avec le fier et impérieux conquérant, qui semblait lui commander prosterné à ses pieds, offrit un tableau touchant aux artistes, un grave sujet de méditations aux philosophes.

Quant aux politiques, ce fut avec satisfaction qu'ils accueillirent toute cette pompe. Par un consentement que le silence transmet de générations en générations, le tiers de la population du globe est rangé sous les antiques bannières d'une croyance que quelques dissidens, qui s'en écartent parfois, ébranlent par l'examen, mais qui dominera tout le temps qu'elle sera celle des maîtres des nations; car, au lieu des vertus que supposerait cette croyance, si elle était revenue à sa pureté primitive, ils trouvent, dans ses abus, des prestiges et des chaînes. La plupart des hommes d'état, qui trouvent aussi moins commode de gouverner par la raison que par le préjugé, se rendirent donc aisément complices de celui qu'un exemple mémorable venait de retremper. Les rois pourraient-ils refuser le titre fraternel à l'homme qui, comme eux, avait reçu de la religion le bandeau des rois? Au demeurant, c'était par fiction qu'ils faisaient ce raisonnement; car, dans le fait, c'était bien sur l'autel, mais non de la main d'un prêtre que Napoléon avait pris la couronne. Pépin, auquel on l'a comparé, avait arraché la sienne par une usurpation ; et, dans les idées du temps, il fallait bien que le chrême d'un pontife guérît cet ulcère politique. Napoléon, qui succédait à la république et ne remplaçait pas les Bourbons, n'avait point à expier de couronne usurpatrice. Et lorsque saisissant celle que la volonté nationale venait de lui décerner, son mouvement brusque fit baisser les yeux de ceux qui avaient décidé qu'il la recevrait de leur main, il n'usa cette fois de l'âpreté positive de son caractère que pour obéir aux convenances et faire respecter l'opinion.

CHAPITRE III.

Toutefois, par une contradiction bisarre et presqu'inexplicable, cette opinion, qui l'applaudit, parce qu'il se ceignit le diadême, lui eût applaudi davantage, s'il ne l'avait pas demandé. A ne juger des faits que par leur surface, on pouvait croire que cette demande, tentée d'abord dans le secret du sénat, promulguée ensuite par le *forùm* du tribunat, avait monté de ces premiers organes jusqu'au consul. On n'a pas oublié la motion des tribuns Curée et Carion-Nisas; mais l'histoire oubliera encore moins l'opposition virile du républicain Carnot. Unique conservateur du feu sacré, c'est dans le discours qu'il prononça alors, qu'il faut chercher et qu'on trouve la vérité. En traduisant le sens de ce discours, on n'a nulle peine à y démêler que, pour faire passer la France des formes, chaque jour plus altérées, d'une république nominale, aux formes neuves et fortes de l'empire, si Bonaparte n'usa pas ostensiblement de son initiative consulaire, du moins permit-il, pour cette fois, qu'elle fût exercée par ses collègues ou plutôt ses adjoints. Faisant parler les besoins de l'Etat et la volonté publique, ils eurent peu de peine à en démontrer l'accord devant une corporation accoutumée à imaginer des expédiens pour les concilier. En revêtant d'adjectifs magnifiques les établissemens républicains, les sénateurs crurent leur donner plus de dignité. La vérité est qu'à l'épithète près, ils les rendaient plus solides. Quant à eux, de premiers magistrats d'un peuple libre, ils devinrent, peut-être sans s'en douter, la chancellerie d'un prince : métamorphose, qui pouvait caresser la vanité, mais dont s'indignait l'orgueil ; à laquelle applaudissait la cupidité, mais qui faisait gémir l'honneur ; et que ne contrarièrent pourtant que quatorze sénateurs, noyau d'une minorité plus respectable qu'utile, mais qui, dans ce grand naufrage des probités politiques, méritèrent d'être appelés *les derniers des Romains*.

CHAPITRE IV.

On a vu que, dans la constitution du 22 frimaire, Bonaparte, sans abandonner totalement les plans des architectes républicains, y avait adapté des bases beaucoup plus concentrées : ce fut sur ces bases qu'il fit décréter le sénatus-consulte du 16 thermidor, véritable édifice de sa monarchie, dont l'acte du 18 mai ne fut que la patente nominale et la décoration. Pour le dire en passant, ces trois pièces, que l'on qualifia du titre pluriel de *Constitutions de l'Empire*, avaient été comme le thermomètre de l'ambition de leur auteur, avant que de servir d'échelle à sa puissance : par les progrès toujours croissans de l'une, il était aisé de prévoir combien l'autre allait croître encore.

Le sénatus-consulte du 18 mai lui en assure tous les moyens légaux. Institué chef suprême, non plus du gouvernement, mais de l'empire, on le revêt d'un titre, dont l'appellation connue et la définition ignorée ouvrent à l'ambition et permettent au pouvoir une extension illimitée. Est-ce à la conquête de César, à l'usurpation d'Auguste, à l'ascendant militaire du Prétoire, aux envahissemens de Constantin, que la France sera soumise ? Est-ce aux capitulaires de Charlemagne qu'elle doit obéir ? Pliera-t-elle sous le knout despotique d'un tzar, ou le chef d'un nouvel empire germanique la pèsera-t-il dans ses balances oligarchiques ? Le temps expliquera bientôt ce nom d'*Empereur;* les circonstances montreront l'autorité qu'il renferme ; la nécessité parviendra quelquefois à le justifier.

L'hérédité peut être l'un des attributs utiles de la monarchie tempérée ; elle est nécessairement le principal caractère du gouvernement absolu ; elle en est spécialement le moyen conservateur ; et dans un siècle qui raisonne, elle peut suppléer le dogme usé du droit divin. La perpétuité, qu'elle garantit, donne à son institution et à celles qui l'*arc-boutent*, une sorte d'éternité fictive qui trompe le temps, commandait jadis à l'imagination, et maintenant encore impose le respect. Ce ne sont pas d'ailleurs des prestiges que la solidité qu'elle procure, que la tranquillité qu'on obtient par elle. Au milieu des flots du temps qui, comme ceux de l'Océan, entraînent tout, l'hérédité reste immobile, et toujours changeante dans les individus qu'elle produit, elle est toujours la même dans son action continue.

Voilà ce qu'avait voulu faire pressentir la disposition qui permettait au premier consul de désigner son successeur: voilà ce que consacra d'une manière plus formelle le sénatus-consulte impérial. Dans un acte aussi solennel et où tout était innovation, on remarqua comme une innovation plus étrange peut-être, la faculté accordée à Napoléon Bonaparte de faire entrer ses fils adoptifs dans la ligne de sa descendance directe. Il est vrai que pour se dissimuler ce que cette détermination avait de servile, la nation qui, en effet, ne voyait pas d'héritier direct à Bonaparte, lui désignait Eugène Beauharnais que la gloire, fondée sur l'estime, avait déjà adopté. La nation pouvait-elle éprouver un pareil sentiment pour les frères de Bonaparte, appelés comme lui, à l'honneur de la gouverner?

Je parlerai rapidement de ce qui, dans la constitution impériale, excita la surprise ou provoqua des observations; l'extrait de cette constitution pouvant se lire dans les pièces qui appuient et terminent mon ouvrage.

On vit, comme un hommage rendu aux lumières du siècle, qu'un article spécial ordonnait que l'éducation des princes français fut réglée par le sénat. On reconnut, dans celui qui attribuait à Bonaparte la définition des devoirs auxquels sa famille serait tenue de se conformer envers l'empereur, on y trouva, dis-je, cet esprit de domination vaste tout à la fois et minutieux, qui depuis embrassa l'Europe, sans oublier le moindre hameau. Cependant, quoique des applications de détail se fassent sentir dans tout ce qu'a fait cet homme extraordinaire, on ne saurait méconnaître dans l'ensemble de ses institutions le génie fondateur. On voit qu'ici nous différons beaucoup de ceux qui n'ont trouvé en lui qu'une manie destructive. Nous pensons au contraire, qu'il édifia beaucoup. Mais peut-être, pour bâtir avec plus de solidité, fallait-il mieux nétoyer le terrain; peut-être surtout ne fallait-il pas faire entrer dans l'édifice nouveau tant de débris de l'édifice ancien; peut-être aussi fallait-il construire sur un plan moins étendu; peut-être enfin ne fallait-il pas construire avec tant de précipitation. Bonaparte, à l'exemple de Philippe II, a souvent répété : le Temps et Moi; mais dans tout autre sens que le despote castillan. Celui-ci attachait aux ailes du Temps ses décrets de plomb; l'autre en précipitait le vol, en lui donnant l'élan de la conquête et les ailes de la Victoire; il aurait du dire : Moi et le Temps.

Les précautions relatives à la régence parurent sages; il y en a une surtout, dont on approuva la prudence : c'est celle qui interdit au régent la faculté de présenter des sénatus-consultes, sans avoir pris l'avis des membres du conseil de régence. Il devait soumettre aussi à leurs délibérations les déclarations de guerre, les traités de paix, d'alliance et de commerce.

Rien de remarquable dans les formes qui entourent le pouvoir suprême; tout le parut au contraire dans la création des dignités qui l'étayent sans lui être opposées, et le multiplient sans le diviser. Elles étaient au nombre de six : un grand électeur, un archi-chancelier d'empire, un archi-chancelier d'état, un archi-trésorier, un connétable, un grand-amiral. Chacun de ces dignitaires est roi dans les fonctions qui lui sont attribuées: roi, parce qu'il commande en maître et agit sans responsabilité; mais sujet circonscrit dans un cercle qui ne se meut que sous la main de l'empereur. Par le grand-électeur, ce prince tenant dans sa main les assemblées cantonnales et les colléges de départemens, dirige à son gré toute la matière électorale; par lui, il exerce sur le corps législatif une surveillance déguisée en protection, et sur la promulgation de la loi une action qui peut employer la circonstance et profiter des bénéfices du temps. Tout le mouvement de la justice et de l'administration descend de l'archi-chancelier d'empire et remonte à lui. Celui des affaires extérieures aboutit à l'archi-chancelier d'état, dont les fonctions, d'ailleurs plus honorifiques que nécessaires, laissent au ministre diplomatique le véritable travail de ce département. Celui du trésorier a plus d'importance, et surtout il met l'empereur en contact direct immédiat et prompt avec tout le système de l'économie financière. Les fonctions du connétable et de l'amiral ont plus de pompe que d'utilité; mais dans ces superfluités magnifiques, le chef de l'État a déposé une portion de sa puissance, ou plutôt de la puissance publique, qu'il prend, modifie, reprend et étend à volonté. Par ces six grands dignitaires, il est présent et agit partout; mais sa présence, réduite à de moindres proportions, ne fatigue pas; mais son action divisée se fait à peine sentir. Ainsi le soleil réfléchi n'en éclaire que mieux, précisément parce qu'il n'éblouit pas. En un mot, cette répartition plutôt de la dignité impériale que de la puissance, réunit l'avantage de l'unité si vantée dans Louis XIV, et de la pluralité regrettée de la Régence. Bonaparte réalisait donc son plan de dictature constituée sur la république; et, lui sorti de pair, ayant pour mobiles des aristocraties transitoires, comme elles avaient pour principes une perpétuelle égalité.

Au surplus, toute cette constitution tend non-seulement à la concentration et à la consolidation du pouvoir, mais, par une conséquence probablement inévitable, à l'assujétissement de la nation. Les contre-poids dont elle conserve l'apparence dans le corps législatif et le tribunat, sont balancés à leur tour, et par les barrières despotiques que l'autorité oppose aux écarts éventuels de ces établissemens populaires, et plus expressément encore par l'organisation énergique et l'influence universelle du Conseil-d'État. C'est à la délibération sur les projets de loi, c'est à leur présentation aux ateliers législatifs, c'est à leur discussion que semblent se borner les fonctions de ce Conseil ; mais qu'on y prenne garde : ces fonctions étendues à la législation, à l'administration publique, aux finances, à la guerre, à la marine et au commerce, ces fonctions sont tout, parce qu'elles embrassent tout, et font tout, parce qu'elles décident tout. Hormis le matériel de l'exécution, le Conseil-d'État possédait, dans ses attributs, le réservoir de la souveraineté : dans le sens républicain, il aurait pu conseiller la loi, la discuter même ; mais ce ne pouvait être que dans un sens éminemment concentré, qu'il la délibérât, qu'il la présentât, qu'il la fit adopter : proposer la loi, c'est régner.

Quelques concessions libérales d'un pouvoir envahissant, compenseraient-elles ses empiétemens ? Oui, elles auraient pu les compenser, si ceux qui en étaient dépositaires avaient eu le courage ou le talent de les mettre en œuvre. Plus la puissance fortifiait son ressort, en réduisant son volume et en le plaçant dans une seule main, plus les autorités populaires devaient opposer une résistance qui le tempérât. Cette résistance, organisée dans le sénat, sous le titre de *commissions*, pouvait et devait, contre tout excès arbitraire, maintenir la liberté individuelle et la liberté de la presse. Elle pouvait et devait opposer aux entreprises inconstitutionnelles des autres corps de l'État, un système surveillant de dénonciation civique et constituée. L'acte du 28 mai y invitait le patriotisme du sénat. Il ouvrait la même voie à celui du corps législatif, auquel il rendait la parole en comité secret. A quoi donc ont tenu l'attitude obséquieuse et soumise du premier de ces corps et le lâche silence du second? Peut-être à la division du tribunat en trois sections, faciles à dominer, difficiles à réunir, et duquel cependant on avait coutume d'attendre le signal de l'opposition. Peut-être mieux encore à l'entraînement des choses, dont le mouvement, durant quinze années, en ascension, portait tout au sommet. Peut-être enfin, car il faut faire la part de la personnalité, peut-être à cette corne d'abondance, qu'un peu de lassitude, que beaucoup de confiance avaient placée aux mains du nouveau prince, et d'où, comme d'une source magique, s'échappaient incessamment les richesses, qui commencèrent par des pensions, et la puissance qui finit par des souverainetés.

Je parlerai peu de la haute cour, dont il y aurait beaucoup à dire, si, comme son titre l'indiquait et comme la nature de son institution le prescrivait, elle eut offert un asile à l'innocence opprimée par le pouvoir, un sanctuaire où le pouvoir eut fléchi devant la justice. A l'aspect de cette création, les responsables de tous les rangs auraient du trembler; mais à l'examen de son organisation, ils se rassurèrent. En effet, dans le dédale ingénieux de ses formalités, il semblait qu'on eût ménagé deux sentiers, l'un où l'autorité put fourvoyer ceux qu'elle y voulait perdre; l'autre qu'elle indiquerait à ceux qu'elle voulait sauver. Ces assertions, je le sens bien, incriminent tellement cette partie des constitutions impériales, qu'elles demanderaient à être conduites à la preuve par la discussion; mais ces dispositions constitutionnelles ont péri avec la charte dont elles étaient une portion, et cette charte elle-même, du moins quant à ce qui nous occupe, avait péri long-temps avant l'empire. S'en suit-il que dans l'espace de deux lustres, il n'y ait eu, parmi *les responsables d'office*, ni prévarications, ni abus de pouvoir, ni désobéissance, ni concussion, ni dilapidation, ni forfaiture, ni délit de détention arbitraire, ni violation de la liberté de la presse? Le lecteur impartial répondra. Si donc, durant six années et parmi des milliers de fonctionnaires, la haute cour n'a pas, je ne dirai point trouvé des coupables, mais cherché des prévenus, s'en suit-il que les difficultés des formes les rendait impossibles à démêler ou dangereux à punir? Dans ce dernier cas, serait-ce à d'épineuses formalités qu'ils auraient dû leur sécurité ; et que faudrait-il en accuser, des tortuosités de la procédure, de l'embarras des juges, ou de leur corruption ?

Pourquoi revenir sur les formules de la publication indispensable dans le système donné, et d'une précision qui n'excluait pas la dignité de la rédaction ? J'en dirai autant du serment de l'empereur, remarquable d'ailleurs par l'importance des promesses et la solemnité qui en entourait la promulgation. Accompagné des grands titulaires, des ministres et des officiers de l'empire, ce prince jurait au peuple français, sur l'Évangile, et en présence de tous les pouvoirs de l'État, « de main- » tenir le territoire de la république, de respecter » et de faire respecter les lois du concordat et la » liberté des cultes; de respecter et faire respecter » l'égalité des droits, la liberté politique et civile, » l'irrévocabilité des ventes des biens nationaux; » de ne lever aucun impôt, de n'établir aucune » taxe qu'en vertu de la loi; de maintenir l'institu- » tion de la Légion-d'Honneur; de gouverner dans » la seule vue de l'intérêt, du bonheur et de la » gloire du peuple français. »

Nations infortunées, avec quelle tranquille impudeur, ces hommes, que vous avez faits vos chefs, tournent contre vous-mêmes votre confiance et votre crédulité! Celui qui entendit retentir, du serment de son nouveau prince, les vieilles voûtes du sanctuaire, ne dut-il pas croire que les conquêtes de la révolution étant garanties par un engagement contracté devant Dieu, la révolution était enfin terminée? Mais, de la formule de son serment, Napoléon avait exclu le maintien de la liberté de la presse, et l'usage modéré de la conscription.

CHAPITRE V.

Cette *proposition* fut présentée à l'acceptation du peuple :

« Le peuple français veut l'hérédité de la dignité
» impériale dans la descendance directe, natu-
» relle, légitime et adoptive de *Napoléon Bo-*
» *naparte*, et dans la descendance directe, na-
» turelle et légitime de *Joseph Bonaparte* et
» de *Louis Bonaparte*, ainsi qu'il est réglé par
» le sénatus-consulte organique de ce jour. (28
» floréal an 12.) »

1°. On appela *proposition* ce qui, dans le sens exact, devait se nommer *décision*. La forme grammaticale résolvait la question logique, et la résolvait prématurément. Le respect pour le peuple exigeait qu'on donnât à la phrase un tour dubitatif. Alors on eût voté par *oui* et par *non*, ce qui conserve à la délibération une sorte d'indépendance et garanti à son résultat plus d'authenticité.

2°. A la tête du sénatus-consulte qui érigeait le gouvernement impérial, Bonaparte, plaçant le protocole renouvelé : Napoléon, *par la grâce de Dieu et les Constitutions...*, préjugeait la question qu'il donnait d'ailleurs à décider. L'emploi de cette formule était au moins prématuré ; car que l'hérédité n'eût point été admise, que devenait l'intitulé ? Il n'eût alors signifié que la téméraire confiance de son auteur. Mais que dis-je ? c'est par cette témérité même qu'il enleva son succès. Qui doute, faiblit, selon Bonaparte ; qui examine, temporise. Pour décider un Fait, il faut l'admettre comme arrivé. C'est alors anéantir l'avenir, en le faisant dévorer par le présent.

3°. Etendons à l'établissement de l'empire ce principe où respire tout le génie de Bonaparte. Si jamais institution dût être soumise à la délibération, ou au moins à la sanction publique, c'était celle qui, changeant d'abord la forme de son gouvernement, devait bientôt en altérer la nature et en modifier tous les rapports. On nous proposait de faire un empereur, et on nous refusait de constituer l'empire ! Mais puisque le sénat s'était arrogé ce droit capital, pourquoi se refusait-il à exercer celui qui est certainement d'un ordre inférieur et tout au plus la conséquence du premier ? Pourquoi ? parce qu'une institution, quelque importante qu'elle soit, n'est encore qu'une abstraction, tant que son organisation matérielle ne l'a pas fait passer dans le domaine palpable ; que cette abstraction, qui pourrait être dangereuse chez un peuple sensible, ne l'est nullement pour un peuple raisonneur; qu'elle lui est même indifférente, ou ne l'intéresse qu'à titre de nouveauté. C'est ce que savait parfaitement Bonaparte, qui n'ignorait pas non plus quelle est l'influence des hommes, quelle était la sienne, ou pour mieux dire son ascendant sur un peuple accoutumé à le voir à la tête des armées, du gouvernement et de l'Europe, et à l'y voir toujours heureux. Bonaparte comptait sur ce bonheur pour continuer cet ascendant; il y comptait, parce qu'il connaissait les hommes et les Français, et il eut raison.

4°. Que lui importait, dans cette hypothèse, l'ouverture des registres et la récolte des votes ! Les formalistes se plaçaient sur un terrain excellent, en déniant à ces registres la circonscription légale et constatée, à ces votes l'identité, la singularité et la vérification. En remarquant que cinq bureaux ouverts aux secrétariats des administrations et des municipalités, chez les juges de paix et les notaires, et aux greffes des tribunaux, permettaient au zèle et invitaient la fraude de suppléer aux votes virils par la multiplicité des votes fictifs, ces mêmes formalistes demandaient si la chose du monde la plus sérieuse, la volonté nationale, pouvait être représentée par un jeu et exprimée par une illusion. A cela que répondait le sénat, ou, si vous l'aimez mieux, Bonaparte ? Qu'abstraction faite de la qualité des votes, 3,524,254 citoyens avaient donné leurs suffrages, et que 3,521,675 avaient accepté la proposition. Qu'objecter à cet effroyable total ? bien des choses sans doute ; mais alors, il y avait un fait contre lequel le droit lui-même ne pouvait rien répliquer : Napoléon régnait.

CHAPITRE VI.

Le Pouvoir, a dit le Persan Saadi, est semblable à la montagne noire du royaume de Lahor : tout le temps qu'on la monte, elle paraît escarpée, hérissée de rochers anguleux, creusée d'affreux précipices ; arrivé au sommet, le voyageur n'a qu'à se retourner, pour avoir sous ses yeux tous les empires d'Asie, et sous ses pieds le royaume de Cachemire. Telle est la situation de Bonaparte, parvenu à ce que le vulgaire croit le sommet de la puissance, et ce qu'il ne regarde, lui, que comme un point d'appui pour s'élancer à un sommet plus élevé. De celui-ci, il contemple sa position personnelle et la situation des choses qu'il domine. Que voit-il ? partout des ébauches et rien de terminé ; partout des pierres d'attente et pas d'édifices : en France, la société qui se reforme ; en Europe, la société qui se dissoud : en France, les magistratures qui héritent de l'autorité des factions ; en Europe, les partis prêts à saisir le pouvoir des magistratures : en France, l'armée se préparant à de nouveaux triomphes par le repos de la victoire ; en Europe, les armées ensevelissaut dans l'humiliation leurs défaites actuelles, et se dissimulant par la jactance leurs futurs affronts: en France, les impôts acquittés sans murmures ; en Europe, un systême d'emprunts remplacer les impôts, dont bientôt il décupleront la charge : en France, l'opinion tranquille attendre les institutions ; en Europe, l'esprit public vacillant hésiter entre les préjugés anciens et les désirs nouveaux, entre l'obéissance et la révolte. Celle-ci, moins que jamais, ne remontrera parmi nous son front farouche, sa bouche écumante de sang, et ses bras meurtris de chaînes rompues : à l'aspect imposant de l'empire qui s'élève couronné de lauriers, elle fuit, parce qu'à cet aspect, si toutes les opinions ne sont pas contentées, du moins tous les intérêts paraissent satisfaits.

Que veulent en effet tous les intérêts ? Ce que veut Napoléon, ce que réalisera l'empire : la sûreté, l'indépendance, la civilisation ; voilà le but. Nous allons bientôt indiquer la voie intérieure que se tracera le pouvoir pour l'atteindre ; au dehors, celle que le génie s'ouvrira est plus large sans doute, car, si les intérêts de la France n'y entrent dabord que comme véhicule des intérêts Européens, ceux-ci, par une combinaison ingénieuse et par un retour nécessaire, affluent pour consolider les intérêts de la France. Les uns et les autres, considérés sous les rapports les plus généraux, peuvent se renfermer dans quelques points sommaires, qui trouveront leur développement dans celui de nos remarques successives, et que nous nous contenterons de préciser en passant. Ces points, dont la solution introduite dans l'ordre social, en épurera les anciens élémens par l'addition des nouveaux principes, peuvent se réduire à quatre : 1°. La reconnaissance authentique et la garantie respective de l'indépendance de la propriété et de l'industrie commerciale entre chaque état et chaque nation. L'indépendance de la pensée, troisième propriété de l'homme social, et la première de l'homme naturel, est implicitement comprise dans les deux précédentes, dont elle dérive nécessairement par la communication, l'échange, la circulation et la multiplication des idées. 2°. La destruction du monopole et de tout commerce exclusif : condition sans laquelle la première est illusoire. 3°. L'uniformité de principes et de rapports des colonies aux métropoles et des colonies entre elles ; car dans la situation actuelle des choses, l'existence d'un système colonial, presque envahi par une seule métropole, doit être commune à tous, jusqu'à ce qu'un système contraire amène une émancipation générale. 4°. Une confédération également morale et politique des puissances entre elles, afin d'obtenir de cette *alliance* vraiment *sainte*, un véritable droit public, fondé sur les principes inaltérables du droit naturel et sur les doctrines appropriées du droit des gens. Si la tendance d'un âge calculateur a fait du commerce l'âme de la politique et de son caducée, pour ainsi-dire, l'axe du monde, nul doute que la nouvelle science sociale gise tout entière dans cette succincte, mais énergique théorie. De ce domaine de l'abstraction passerait-elle dans l'usuel de la pratique? Cette question, que la révolution agitait depuis quinze ans et qu'elle avait déjà présentée sous tant de faces, tout présageait que l'empire allait enfin la résoudre. Toutefois, à cette épée accoutumée à trancher les plus difficiles, à cette épée devenue le sceptre français, il était clair que l'Angleterre opposerait son trident, depuis trop long-temps le sceptre du monde.

CHAPITRE VII.

Pour excellens que soient les projets, pour bien coordonnés que soient les plans, pour parfaites même que paraissent les institutions, que sont-ils réellement sans l'intervention des hommes? une nature morte, qu'eux seuls peuvent vivifier.

Tout dépend du choix des hommes, et ce choix lui-même dépend de la connaissance de leur caractère, de leurs talens et de leur volonté. Mais comment arriver à cette investigation, lorsque les prémices antécédens sont couverts d'obscurités? Il est peu d'obscurités pour le génie, instrument assez semblable à ces lunettes magiques qui percent l'épaisseur des solides et explorent à travers leurs couches redoublées des sources et des trésors. C'est aussi sous mille enveloppes variées que Bonaparte eut à chercher et découvrit, dans ceux qui l'entouraient, les facultés qui lui pouvaient être utiles, celles qui ne lui seraient qu'agréables, celles que des qualités spéciales, ou mieux encore, qu'une réunion de ces qualités lui rendrait indispensables. On voit se former ainsi comme trois ordres de cliens, lesquels cessent d'être appréciés en eux-mêmes, et étant considérés, quant à leur emploi, composent autour du pouvoir un groupe varié dans ses travaux comme dans ses moyens, mais identique dans son objet, l'action de l'autorité.

Il était, pour tous ceux qui concouraient à cette clientelle, des attributs communs, et ce sont ceux qui, en effet, conviennent à la plupart des hommes, et font d'eux des outils plus ou moins aptes. Avec une intelligence claire, exacte, prompte et bornée, on est propre à tout ce qui se meut dans la moyenne région; la profondeur, la transcendance, la pénétrante finesse du *flaire*, si l'on ose dire, et cette vigueur, tempérée d'adresse, qui enveloppe et domine les esprits, ne sont peut-être pas des qualités désirables dans les agens d'un gouvernement qui se monte sous la main d'un fondateur. A lui seul sont réservés ces leviers puissans qui détruisent, ces ressorts élastiques qui vivifient, ces mobiles féconds qui communiquent et coordonnent les mouvemens. On a remarqué que tant qu'a duré l'empire, et quoiqu'un grand nombre d'hommes recommandables l'aient illustré, aucun ne s'est détaché de la foule par une supériorité reconnue: j'entends une supériorité politique sans constestation et sans rivalité. C'est que, dans la supposition que cette supériorité eut paru, et eut paru sur un horizon déjà occupé, la lutte eut été inévitable et l'éclipse rapide. Sans être tout à fait concluant, l'exemple de Moreau ne détruirait pas cette assertion.

La période consulaire fut le noviciat des grands emplois. Bonaparte en fit l'essai sur une multitude qui tournait pour ainsi dire autour de lui, en déployant son savoir-faire, et parmi laquelle, à l'époque de l'empire, il fixa ses choix. De ce moment, cette espèce de rotation diminua, et d'un apprentissage, fait sous l'œil du maître, chacun dans son orbite privée, devint maître à son tour : maître, quant à ses subordonnés, subordonné lui-même devant le maître de tous.

Ce que notre vanité nomme la dignité humaine se sent flétrie à ce nom de maître, et les plus faits pour l'esclavage sont les moins dociles à le supporter : chez eux pourtant ce n'est que la morgue qui regimbe. Le vrai citoyen échappe à la servitude politique par l'indépendance de son âme. Obscur et pauvre durant l'époque que je retrace, je disais : Napoléon, maître de la France, et qui chaque jour le deviens de l'Europe, tu ne seras jamais le mien. Qu'importent les chaînes d'or qui descendent du trône à qui suffisent un toit de chaume, Homère et la Bible, Tacite et Jean-Jacques, une plume et quinze cents livres de rentes!

Cette fierté est belle; mais, à parler dans le sens

de ces intérêts grossiers pour ou contre lesquels raffine la politique, cette fierté est la vertu des duppes : Bonaparte l'appelait *une niaiserie sentimentale*. Il ne furent donc point des *niais*, ceux qu'il associa d'abord à son ambition et qui s'associèrent d'eux-mêmes à sa fortune. En leur montrant, dès aujourd'hui, des ambassades, des décorations, des bâtons de commandement, et dans le lointain des majorats et des trônes, il leur dit : La patrie vous appelle! et ils coururent

Quant à la foule, elle suivit, animée du plus pur civisme, enflammée d'un enthousiasme profond. Il faut donner un démenti formel à ces déclamateurs qui flétrissent tout ce qu'ils touchent, et qui, calomniant des vertus qu'ils ne peuvent concevoir, prétendent qu'en quittant le nom de républicains, les Français avaient perdu l'amour de la liberté. Non, jamais ils n'aimèrent davantage leur patrie, que quand ils admirèrent celui qui semblait en assurer la puissance en la couvrant de gloire. C'est leur honneur qu'ils soutenaient dans ses entreprises; c'est leur liberté civile qu'ils défendaient dans ses combats; c'est leur indépendance qu'ils croyaient assurer par ses conquêtes. Quant à cette liberté politique, pour laquelle ils avaient déjà versé tant de sang et étaient prêts à en verser encore, ils n'ignoraient pas qu'elle ne peut s'établir complète et durable que quand le territoire affranchi permet de s'occuper des affaires de famille. Jusques cet avenir, que tout rapprochait, et en l'absence de cette liberté démocratique qui chatouille l'opinion, ils se contentaient de l'égalité qui satisfait tous les intérêts.

Cette doctrine que j'expose, sans la justifier, on a vu qu'elle était celle de Bonaparte qui croyant n'y trouver que la *légitimation* de son despotisme, y cherchait peut-être aussi celle de son ambition. Quoiqu'il en soit, parmi tous ceux que son choix avait revêtus des premiers emplois, cette doctrine était un dogme politique dont il fallait faire une profession expresse et manifestée par des actes nombreux et liés. C'est qu'une telle profession prouvait le courage, excluait l'esprit de parti, et ne pouvait être constante sans dévouement. Avec ces qualités, précieuses pour l'homme qui veut remplacer les abstractions par des faits, si vous ajoutez l'intelligence et l'expérience, où eût-il trouvé mieux pour le seconder?

Et c'est précisément ce choix si bien approprié qui a fait soupçonner que Bonaparte méprisait les hommes. Je ne sais d'abord si ce mépris se concilie avec la passion de la gloire, qui à la vérité a son côté ridicule dans le bruit des langues, mais qui aussi offre un côté recommandable dans le besoin de l'estime. Peut-être l'un et l'autre se confondaient-ils dans l'homme dont nous parlons. Mais si l'un s'arrange assez bien avec ce mépris qu'on lui impute, ne semble-t-il pas difficile d'y accorder l'autre ? Le motif que l'on tire des choix dont il s'entourra n'est pas tolérable : environné d'hommes qu'il jugeait, n'en était-il pas jugé à son tour ? Ceux qui croyent que l'ascendant de la puissance tient à terre tout ce qu'il l'entourre, ne se font l'idée ni de l'influence du talent, qui est aussi une puissance. ni de celle que peut exercer, sur le despote même le plus altier, la confédération des talens et des vertus. J'insiste sur ce mot des vertus, car enfin, pour avoir composé ou servi le gouvernement de Bonaparte, il ne s'ensuit point qu'on n'ait plus de conscience; et il y aurait aussi trop de naïveté à regarder ce gouvernement comme un brigandage dont il était le chef.

Par les personnages qui formaient ce gouvernement, on reconnaissait aisément les qualités qu'il exigeait en eux; par ceux qu'il en avait écartés, on pouvait désigner les qualités qui lui étaient odieuses. Par exemple, rien ne lui paraissait plus dangereux et plus ridicules tout à la fois que ces théoriciens qui, transportés de leur solitude sur le vaste et bruyant théâtre du monde, n'y apportent qu'un grand fond de mépris pour ce qui existe, et une confiance illimitée en ce qu'ils ont rêvé; gens auxquels l'habitude de la méditation a ôté le goût de l'expérience et donné la manie de la discussion; qui analysent lorsqu'il faut sentir, et délibèrent quand il faut opérer. Dialecticiens sobres de logique, rhéteurs qui courent après l'éloquence et ne rencontrent que le sophisme; hommes chez qui l'esprit énerve le talent, et auxquels on croirait parfois du génie, s'ils pouvaient descendre jusqu'au sens commun.

Bonaparte n'estimait guerre plus ceux qui décorent du beau nom de modération leur incapacité ou leur faiblesse. La modération, quand elle est un tempérament que la force s'impose à elle-même, est peut-être le symptôme le plus probable du génie appuyé sur le caractère : dans l'homme d'état, c'est une ressource toujours intarrissable et toujours infaillible. Mais que veulent dire et que peuvent opérer ces moyens termes, ces systèmes *du milieu* qui croient neutraliser les excès en les rapprochant, et enfanter des vérités en accouplant des erreurs? Bonaparte voulait bien, qu'indépendamment de toute opinion, on exprimât, de chaque parti, ce qu'il pouvait avoir d'utile; mais il ne voyait rien d'utile à la cause actuelle dans ce qui avait été nuisible à tant de causes précédentes; et les alchymistes politiques qui, d'une fusion de maléfices, prétendaient distiller le bien public, lui auraient semblé dangereux, s'ils ne s'étaient montrés si ridicules.

Les partisans intempestifs, les amis à contretemps et à contre-sens lui paraissaient plus redoutables. Ce sont, disait-il, des officieux qui sonnent la victoire avant la charge, et mettent beaucoup de mystère à rendre le public confident d'un secret. Il disait encore avec une sorte de grossièreté, dont l'histoire ne doit voir que l'énergie : ce sont des *galeux* qui ne vous quittent pas, qu'ils ne vous aient serré la main et inoculé par excès d'attachement. On peut juger du cas qu'il fesait d'eux. Pourtant, comme un des talens de son métier est de mettre les hommes à leur place, il assignait à ces malencontreux amis celle dans laquelle il pouvait le moins déployer leur zèle et le plus songer à leurs propres intérêts. L'égoïsme d'un officieux maladroit est un bienfait public.

En jetant les yeux sur la nombreuse liste des personnages dont l'Empire a requis les facultés, on peut se convaincre que, quant à leur choix et à leur répartition, leur chef a constamment suivi les principes que nous venons de retracer. Lorsque le sénat fut créé, plus d'un publiciste prétendit que cette institution, romaine de nom, toute française par sa composition, nous rendrait celle de la pairie, puisque, disait-ils, dans l'attribut de conservation inhérent au sénat, on reconnaît la mission expresse qu'avait l'ancienne pairie de conserver aussi la monarchie : seulement cette mission s'est accrue, dans la corporation nouvelle, du droit d'intervention entre le peuple et le monarque, droit dont l'exercice attache cette corporation au système de la pairie moderne pratiqué en Angleterre. La nomenclature sénatoriale refute cette idée. Cette nomenclature, extraite des notabilités révolutionnaires, ne compte ni souvenirs féodaux, ni illustration vieillie dans l'histoire, ni grandes et inaliénables propriétés. Sans ces conditions, ou est le corps intermédiaire entre les droits démocratiques et les pouvoirs de la royauté? Où est l'aristocratie? A juger de la nature du sénat, de ses fonctions, de son rang par les titres de ceux qui en faisaient partie, on voit qu'ils étaient la fleur de la France nouvelle, auraient pu s'en croire la force, et surtout auraient dû, plus souvent, s'en réserver la puissance. Nous remarquerons bientôt que la seule fois qu'ils l'aient déployée, fut précisément celle ou ils auraient dû s'en abstenir, puisqu'il n'y avait, pour l'exercer, ni qualité, ni objet.

Le conseil d'état, si l'on en croit ceux qui ne peuvent prononcer un avis sans le gâter par une satyre, offrait la réunion des plus rares talens et de l'iniquité la plus profonde. Ses membres, plus experts encore dans la tactique des révolutions que dans la pratique de l'administration générale, que pourtant ils connaissaient bien, ne voyaient dans le pouvoir, dans le crédit, dans les lumières même, que des moyens, plus ou moins efficaces, plus ou moins appropriés, pour assurer le triomphe de leurs passions. Celle qui les dominait toutes, la cupidité, développait incessamment parmi eux les miasmes de la plus insigne corruption. Les lois commandées par le despotisme, subissaient, disait-on, les interprétations achetées par l'intérêt personnel, et celui de l'état se mesurait sur une échelle dont le tarif était à la bourse.

Je pense que dans ce tableau, enluminé par la satyre, il faut chercher une large part au mécontentement. Si l'on n'oublie pas de combien d'intérêts contraires, de combien d'espérances opposées, le conseil d'état était le centre; on s'étonnera peu des cris que poussaient contre lui, pendant son existence, le plus grand nombre de ces intérêts trompés, et de ceux que poussent, depuis qu'il n'existe plus, tant d'espérances frustrées.

On se rapprochera d'avantage de la vérité, non pas en accusant le conseil d'état d'empiétemens sur les pouvoirs publics, ce à quoi le portait la nature de son institution et le caractère de son fondateur, mais en attribuant à chacun de ses membres la conviction morale que ces empiétemens trouvaient leur raison suffisante dans la création du système impérial, qui lui-même avait la sienne dans la nécessité. De cette conviction, que résultait-il ? Que les autres parties du gouvernement, réduites au mécanisme, devaient n'avoir d'âme et n'exercer d'action que celles qui leur seraient soufflées par le conseil. La division en sections, la répartition du travail à chaque section, et la distribution des parties du travail à chaque individu, confirment cette idée. Du grand art de constituer les peuples jusqu'au métier de gérer les fabriques, tout entra peu à peu dans le ressort du conseil : tout fut attiré dans cette sphère qui, au rebours des mondes constellés, augmentait de rapidité, en augmentant son volume, et finit par tout entraîner dans son effroyable mouvement.

Ceci s'applique également aux douze ministères, institués de manière à correspondre, chacun dans ses attributions, à une ou à plusieurs sections du conseil auxquelles ils présentaient des rapports et desquelles ils recevaient le travail. On ne saurait nier que cet ordre n'ait mis dans les affaires de la promptitude, de la précision et de la clarté : pourquoi n'en a-t-il point banni l'arbitraire et le despotisme ? Mais toutes données admises, l'éprouvait-il ?

Bonaparte, bon calculateur, considérait les hommes comme des quantités arithmétiques : à leur valeur intrinsèque, il ajoutait la valeur de position, et personne, mieux que lui, ne sut fortifier et augmenter ces valeurs l'une par l'autre. Dans ses combinaisons, les individus réputés chiffrés, se rangeaient, comme d'eux-mêmes, dans une des trois colonnes sur lesquelles s'appuie ce gouvernement. Étaient-ils guerriers, législateurs et diplomates ? Ne possédaient-ils qu'un de ces titres, en réunissaient-ils deux ? Autant de calculs différens, autant de services variés. En matière politique, comme en fait de monnaie, les fractions même ne sont pas à négliger; et souvent, de deux demi-talens, habilement appairés, Bonaparte a fait un homme d'état.

CHAPITRE VIII.*

Il faut considérer la révolution comme un instrument destructeur et comme un moyen de construction. Terrible et souvent aveugle sous le premier rapport, en renversant des abus devenus intolérables, elle a fait des victimes. Pleurons à jamais celles-ci, et plaignons les surtout d'avoir irrité par des résistances d'opinions ou d'intérêts privés, la volonté publique prononcée depuis un demi-siècle. Quant aux abus tombés à sa voix, il suffit de les rappeller en quelques mots, pour que leur souvenir n'excite de regrets que parmi les plus déraisonnables de ceux qui en vivaient.

A force d'avoir envahi les pouvoirs, englouti l'autorité, absorbé les attributions, la royauté n'ayant plus de limites, n'avait plus d'appuis ; sa nature même était changée, sa puissance morcelée, et son action, nominalement absolue, se mouvait par ca-

---

* Ce chapitre, qui d'abord avait subi une subdivision, représente plusieurs chapitres : ce qui explique la numération continuée au second volume.

prices, selon les circonstances, foudroyante sans à propos, faible et relâchée sans nécessité. C'était un corps informe et à mille pieds qui remuait sans cesse, marchait mal, avançait peu, rétrogradait souvent, et faisait suppléer par des bras d'emprunt la paralysie de son bras. La routine et le protocole des édits nommaient un seul roi de France; la raison trouvait dans chaque chef de l'administration un véritable roi. Louis XIV, qui fut le despotisme personnifié, fut aussi toute la monarchie; depuis la régence, l'état était tombé en aristocratie ministérielle, ou plutôt en bureaucratie ou gouvernement des commis.

Devant un clergé millionnaire et décimateur, qui absorbait sans cesse et ne rendait rien; devant une noblesse qui réunissait aux grandes propriétés les distinctions honorifiques, l'influence du crédit et le partage presque héréditaire du pouvoir; devant des corporations qui opposaient toujours les intérêts de quelques uns à l'intérêt de tous, qu'était et que pouvait être ce qu'on appelait le tiers-état? Tout et rien. Tout par le fait, puisqu'il composait la masse nationale, le fond sur lequel se constitue un peuple, la matière élémentaire sans laquelle il ne peut y avoir de gouvernement, puisqu'il n'y a point de gouvernés; mais cette matière était passive, ce fond était stérile, cette masse restait inerte, puisque la vie politique ne les pénétrait point. Produisant presque tout, ne consumant presque rien, il semble que pressée par toutes ses charges, elle eût dû recueillir la meilleure part des bénéfices, d'autant plus qu'elle était avec les classes privilégiées dans le rapport de dix-neuf à un. Par quel prodige demeurait-elle donc souffrante, patiente et soumise? Par le même qui fait obéir au frein de l'écuyer, au fouet du postillon une troupe de chevaux qui ignorent leur nombre, leurs forces, leur courage, et surtout combien l'organisation, l'ordre et quatre pieds armés présentent de ressources et de moyens.

Aux envahissemens des privilégiés, à l'extension toujours croissante de l'autorité royale, à l'oppression humiliante de la nation, qu'est-ce que l'usage traditionel opposait? La pairie moderne, image ou plutôt caricature de ces douze pairs qui fesaient et défesaient les rois. Il y opposait aussi soixante juges en robes rouges, tribunal auguste tant qu'il ne pesait dans la balance judiciaire que les démêlés privés; mais corps étrange et dangereux, lorsque, sous prétexte de former contre la puissance suprême une opposition négative, il plaçait l'état entre elle et lui, et le livrait ainsi à la turbulence et à un double tiraillement.

Tout ce gothique édifice sans proportion et sans solidité dût tomber devant la révolution.

A sa chûte, le sol fut couvert, fut embarrassé

de débris. Après dix ans de tentatives pour en nétoyer la France, un bras vigoureux essaya de les faire entrer dans un nouvel édifice social. D'abord applaudi comme un restaurateur, d'où vient qu'une réunion de voix, devançant la prospérité, mêla à des éloges mérités un blâme plus juste peut-être encore? Pour éclaircir cette question, il suffit d'établir nettement la volonté publique à l'époque de la fondation de l'empire.

Considérant alors la révolution comme instrument de réparation et de construction, que lui demandait-elle? Qu'avait-elle le droit demander à l'homme qui la représentait, en qui elle était vivante, en qui elle s'était incarnée? De ce cahos où tourbillonnaient, pour ainsi dire, tous les élémens politiques, elle lui demandait de faire un monde. Des dix peuplades qui partageaient la France plus encore par leurs intérêts que par leur territoire, elle désirait qu'on formât une nation identique, adhérente et compacte, telle que l'avait conçue l'Assemblée constituante ; et qu'à cette nation, si ancienne dans ses élémens, si nouvelle par son esprit social, on garantit ses droits, ses intérêts, ses opinions. Jamais désir plus légitime ne fut accompli dans sa première moitié avec plus de rapidité : c'est que, pour le remplir, l'intervention de l'autorité était à peu près inutile, et que la réunion de trente-deux provinces en un corps national ne pouvait être le fruit d'une concession, mais le bénéfice du temps et de la force des choses. En était-il de même de ces droits naturels ou sociaux, de ces garanties politiques, dont le pouvoir se croyait le dispensateur, tandis qu'il n'en était que le dépositaire, qu'il chicana long-temps, qu'il n'accorda jamais qu'à regret et avec l'intention plus ou moins dissimulée de les reprendre? Or, c'était ces droits et ces garanties, dont une conjoncture unique permettait de réclamer et d'espérer la plénitude. De qui mieux en effet pouvait-on l'espérer que de celui qui leur devait tout? Fils de la révolution et substitué à toute sa puissance, il semblait nécessaire, non-seulement qu'il la fixât, mais qu'il tirât de ses résulats ce ciment politique, si j'ose m'exprimer ainsi, qui consolide les pouvoirs du trône et les droits de la nation.

Dix années de tentatives et trop souvent de convulsions semblaient avoir écarté du but de la révolution; elles ne l'avaient pas fait oublier. On résumera en quelques lignes les points sur lesquels l'opinion invariable depuis un demi-siècle, devenait chaque jour d'autant plus exigeante, que chaque jour elle voyait les empiétemens du pouvoir. En admirant la main qui l'avait saisi avec tant de fermeté et qui l'exerçait avec tant de gloire, elle apprenait à la redouter; elle eut voulu placer dans l'alliance d'un trône national, avec le peuple qui se l'imposait, une barrière contre le despotisme, un rempart contre l'anarchie. L'établissement de l'empire, tel qu'il était projetté, pouvait-il offrir cette double garantie?

Réunissait-il les vœux de la nation légitimement et légalement émis?

Etait-il de nature à se coordonner avec les autres gouvernemens, afin de devenir un lien commun et la garantie de la paix entre la France et l'Europe?

Garantissait-il la liberté civile, ce premier droit de l'homme social, parce qu'il est le premier besoin de l'homme naturel; la liberté de la pensée, tant dans les matières qui concernent les opérations de l'esprit, que dans celles qui intéressent les mouvemens de la conscience : les unes et les autres affranchies de toute censure, de tout examen préalables, et pouvant se manifester par la presse, ou tout autre moyen de publicité; l'égalité des droits civils et politiques, c'est-à-dire la répartition juste et précise des avantages et des charges de la société; le système représentatif fondé sur les bases combinées de la population, de la propriété territoriale et industrielle, et des facultés intellectuelles et morales : système auquel le libre consentement des levées d'hommes et d'impôts, imprime exclusivement le caractère de légitimité. — On continuait de demander si l'empire assurerait la responsabilité des ministres et de leurs agens ; l'irrévocabilité des ventes de biens nationaux de toute origine ; l'abolition de la dîme, de la noblesse ancienne et nouvelle, héréditaire, et de la féodalité ; l'inviolabilité des propriétés et l'abolition de toute confiscation des biens, sous quelque forme et sous quelque dénomination qu'on la déguise. — On voulait, et l'on avait raison de vouloir, l'entier oubli des opinions et des votes politiques émises jusqu'à ce jour ; la consolidation morale et pécuniaire de l'institution de la Légion d'Honneur ; des récompenses, soit viagères, soit perpétuelles aux officiers et aux soldats, et reversibles à leurs veuves et à leurs enfans ; la conservation et la réorganisation du jury, l'inamovibilité des juges, le paiement de la dette publique.

Pour le dire en passant, il est à remarquer que la plupart de ces droits naturels, légitimes, imprescriptibles, ont été, non *accordés* par la Charte de 1814, comme l'adulation ou une fausse politique l'a prétendu, mais reconnus et *déclarés* par elle; et que cette disposition aussi juste que prudente, en favorisant l'opinion par la conservation des intérêts, a singulièrement facilité la restauration des Bourbons.

Ce que leur Charte a consacré, et ce qu'on n'eut aucun besoin de leur demander, puisqu'ils l'avaient offert (voyez la *Déclaration de Saint-Ouën*,) on craignait que l'empire ou l'ôtât, ou ne l'accordât qu'avec des modifications seulement profitables au pouvoir et nuisibles à nos libertés.

Les droits de ces agrégations d'hommes qu'on appelle nations sont préexistans à toutes conventions sociales ; il n'en est pas de même de ces grands actes, qu'on nomme *Chartes*, lorsqu'ils sont donnés ou consentis par le prince, et qui prennent le titre de *Constitutions*, quand ils sont votés par le peuple sur la délibération de ses représentans. Ces actes, qui d'ailleurs peuvent et doivent se mouler, pour ainsi dire, selon les temps et les lieux, n'obtiennent cependant l'assentiment de la génération qui les voit naître et le respect conservateur de celles auxquelles ils sont légués, qu'autant qu'ils assurent, ou du moins qu'ils ne détériorent pas les droits dont ils ne devraient être que les garanties. L'institution de l'empire ne contrarirait-elle jamais celle des droits reconquis et reconnus ?

Sans s'égarer dans des abstractions ardues, y a-t-il quelque danger d'avancer :

Que tous les pouvoirs émanent du peuple, quoi qu'il ne puisse les exercer que par délégation ;

Que la souveraineté (quelqu'en soit le dépositaire) se compose de la réunion des droits de tous les citoyens ; (1)

Que la distribution des pouvoirs est indispensable pour l'établissement de la liberté et pour sa conservation ;

Que la puissance législative, en France, se compose de trois mobiles distincts dans leurs élémens et dans leur action : une chambre de représentans, une chambre haute et un monarque ;

Que dans la confection de la loi, la proposition, la discussion, l'opposition, le vote et la sanction appartiennent également aux trois branches de la puissance législative ; — Que la loi n'existe que par leur accord ; — Qu'à la chambre des représentans exclusivement, appartient l'initiative en matière de contributions publiques, et en matière de levées d'hommes.

Qu'en matière d'élection d'une nouvelle dynastie, à l'extinction de la dynastie régnante, la proposition, délibérée en forme de loi, appartient à une Assemblée nationale convoquée expressément et exclusivement pour cet objet ; mais que le vote appartient au peuple ;

---

(1) Définition de M. Garat. — M. Bailleul définit la souveraineté *l'action de la justice de Dieu ;* M. Royer-Collard a dit que «*c'était la justice.*» Un autre publiciste a dit : «*La souveraineté est l'exercice légitime de la puissance publique, et la loi est l'expression de la raison et de la volonté publique.* Cette définition est de M. Regnault-Warin.

Que l'action du pouvoir exécutif ne s'exerce que par des ministres, tous responsables solidairement pour les déterminaisons prises en commun, chacun en particulier pour les actes particuliers de son département;

Que le monarque est inviolable et sa personne sacrée; qu'en cas de violation des lois et d'attentats contre la sûreté individuelle ou publique, les ministres, mis en accusation par la chambre des représentans, sont jugés par la chambre haute;

Que l'indépendance des tribunaux est une des conditions nécessaires des libertés publiques et privées; que pour lui donner une consistance légale, les juges doivent être inamovibles et à vie, destituables seulement pour causes de forfaiture; qu'en matière criminelle, les débats sont nécessairement publics, le fait est jugé par des jurés, même quant aux délits contre la liberté de la presse, et que la loi est appliquée par les juges.

Qu'une instruction primaire, indispensable pour la connaissance des droits et des devoirs de l'homme en société, est mise gratuitement à portée de toutes les classes du peuple; que les élémens des sciences, des belles-lettres et des beaux-arts doivent être enseignés dans les hautes écoles;

Qu'une nation ne peut reconnaître les ordres monastiques et les vœux perpétuels de religion.

Que le droit de pétition personnelle, et exercé

individuellement, ne peut être ni supprimé, ni modifié.

Qu'enfin la distribution des pouvoirs sociaux et l'exercice des droits de chaque membre de la cité ne peuvent être mieux garantis que par l'institution constitutionnelle et permanente de la garde nationale consacrée à la défense du territoire, au maintien de la paix publique et à la conservation des propriétés.

En retraçant sous cette forme les principes devenus habituels au peuple français, je n'ai pas essayé d'affaiblir aucunes des objections qui, peut-être, étaient dans tous les cœurs, mais dont le préjugé de la gloire, ou le sentiment peut-être égaré de la nécessité, retenait l'expression, et que les républicains seuls, avec une austérité chagrine, ne dissimulaient pas. Bonaparte leur répondit par les actes dont je vais crayonner le tableau.

CHAPITRE IX.

Plaçons sur le premier plan et au centre de cette esquisse Bonaparte méditant, ordonnant et agissant.

§ I.er Fondation de l'Empire.

Les pouvoirs publics, rassemblés par l'acte consulaire, sont réunis par celui du consulat à vie, et, comme en un faisceau, réunis par la constitution impériale et concentrés aux mains de Napoléon. Par le vote national, il fonde son autorité ; par l'hérédité, il perpétue celle de sa dynastie. Sur l'une et l'autre, il établit l'empire, dont son génie est l'âme, et qui, dans ses institutions, basées sur l'égalité, liées par l'unité et garanties par la force, marchera à la tête de la civilisation européenne, à laquelle elle montrera un système neuf et complet de sociabilité. Que par ce système, l'Europe olygarchique se croyant menacée, menace elle-même, elle payera de ses défaites, ou successives ou simultanées, sa terreur jactancieuse. Mais des conquêtes arrachées par la victoire sortira un nouvel ordre politique plus approprié aux lumières du siècle, aux besoins de la France, et dont un caractère énergique autant qu'une position favorable ont rendu son chef le modérateur. Ces besoins sont l'indépendance et la richesse que la guerre peut conquérir, mais que le commerce seul doit conserver. C'est dire assez qu'entre l'Angleterre, maîtresse d'une si belle proie, et la France qui la lui envie, la querelle, depuis long-temps engagée, continuera avec un mutuel acharnement, avec une réciproque opiniâtreté. Les continens seront labourés par la baïonnette, la mer écumera sous les proues qui se la disputent. Entre ces contendans, la puissance qui resterait neutre cesserait bientôt d'être puissance : le sang rougira donc les sillons et les flots. Au terme de ces démêlés, qui chantera la dernière victoire, qui se couronnera des palmes du dernier triomphe ? Est-ce à la justice, est-ce à la fraude que restera l'avantage ? Permettrez-vous, Dieu des nations, que la patience l'emporte sur la bravoure, et la loyauté sur la trahison ! S'il en était ainsi, croyons que d'un désordre contraire à la nature des choses, à l'existence même du monde, sortirait, comme d'un cahos, un monde régénéré. La victoire peut-être infidèle, la fortune peut se méprendre ; mais il y a, dans les affaires, comme dans la mécanique naturelle, des équilibres que l'art romprait vainement et qui se rétablissent d'eux-mêmes. Alors la réaction qui les rétablit retourne contre l'usurpation armée qui les voulut rompre ; et la politique, redevenue la justice, change la maxime romaine, et répète avec satisfaction : *Malheur aux vainqueurs !*

§ II. Constitutions de l'Empire.

Elles déclarent les droits du peuple Français et en déterminent l'exercice. Elles établissent, divisent, coordonnent les pouvoirs. Dans les constitutions précédentes, ils étaient *pondérés*. Celles-ci instituent les hautes autorités : le corps législatif, dont une portion, sous le nom de tribunat, discute la loi proposée par le conseil d'état, et dont une autre l'accepte sans délibération nécessaire, mais avec délibération possible, par des votes secrets ; le sénat, chargé de conserver les constitutions, de les organiser par des actes suprêmes et d'arrêter tout empiétement inconstitutionnel ou illégal ; les tribunaux, classés dans un ordre hiérarchique, indépendans dans leur action, dépendans pour la discipline ; et, au sommet de l'autorité, le gouvernement, proprement dit, d'abord confié à trois consuls, puis réuni à un seul, enfin donné à un chef héréditaire.

Telles sont les bases des constitutions : trois

sénatus-consultes en élèvent l'édifice ; l'empereur le distribue.

Donnant quelques regards à sa décoration, il prescrit le couronnement, dont le sacre sera l'accessoire religieux; nomme les villes dont les maires doivent y assister ; trace des statuts de famille, sur lesquels nous reviendrons ; renferme, dans un cérémonial la pompe du palais, et ne dédaigne pas de soumettre les usages de la cour aux graves futilités de l'étiquette ; assigne la basilique de Saint-Denis pour la sépulture des empereurs. Déjà, par un décret remarquable, il avait réuni, dans leurs tombeaux relevés, les cendres indignement dispersées de nos rois : bientôt trois autels expiatoires consacrent tout à la fois le crime, la réparation et les regrets. Ainsi, ressaisissant, jusques sous la tombe, la trame interrompue des âges, il en renoue les fils historiques et rattache aux grandeurs qui ne sont plus les grandeurs qui vont éclore. C'est par ce principe, qu'une philosophie superbe, raille ou blâme; mais avec lequel la politique mène nos vanités, c'est par ce principe que l'empereur crée des titres, ravive des distinctions, chamarre de cordons, de broderies et de bijoux, la poitrine de ses serviteurs. Et lorsque parmi ces esclaves du pouvoir, il contemple d'orgueilleux royalistes et de sévères républicains, il sourit sans doute, méprise peut-être, mais se croit assuré du succès. L'institution des majorats, ce fondement apparent de toute aristocratie, n'est qu'une exception à la division des propriétés, l'une des doctrines de l'empire; car ces majorats sont ou limités pour le nombre ou circonscrits pour les quotités : ce n'est point à fonder une caste privilégiée qu'ils sont destinées, mais à entourer le trône de splendeur, et surtout à appuyer sur des réalités ces dignités héréditaires et ces grandeurs communiquées, qui, sans richesses, ne seraient que de pompeuses chimères. Ce raisonnement s'applique aussi à l'institution des grands fiefs de l'empire, lesquels n'avaient de féodal que le nom et le retour à la couronne; mais auxquels d'ailleurs n'étaient attachés ni aucuns droits vexatoires, ni aucuns priviléges humilians. En ce sens même qu'ils n'étaient spécialement affectés à aucunes classes, on peut soutenir qu'ils ne blessaient en rien l'égalité : car enfin, l'égalité, qui n'est point négative, consiste dans l'admission possible à tous les avantages; et il n'y a aucun avantage dont l'empire n'ouvrit la porte aux talens, aux vertus, aux travail, à toutes les facultés, pourvu que d'ailleurs on les lui consacrât.

Des sénatus-consultes, des lois, des décrets distribuent, dans toutes les parties de l'état, comme dans toutes les classes de la population, le mouvement, l'organisation et la vie. Les grandes notabilités nationales sont présentées sous forme de liste, où le peuple peut trouver ses défenseurs, et le gouvernement choisir ses agens. La police des assemblées électorales est prescrite. Sont introduits, dans chacune d'elle, des nombres indiqués de légionnaires d'honneur ; et, comme nous l'avons remarqué, cette addition acquiert à l'autorité une influence, dont elle n'est que trop portée à abuser. Ajoutons que peut-être elle vaut à l'esprit militaire cet ascendant qui a fait croire qu'il avait corrompu la source même du gouvernement, tandis qu'il n'a souvent fait qu'arrêter la marche de l'administration, et plus encore innover dans nos usages, fausser l'esprit national en l'exagérant, et altérer nos mœurs. Quand il s'agira de vaillance et de dévouement, honneur aux guerriers Français ; mais ne leur permettez rien, s'il s'agit de politique. D'accord avec les hautes autorités de l'état, l'empereur, après avoir réglé leurs fonctions, ne dédaigne pas de préciser leur police. La forme des délibérations, les rapports respectifs entre elles, le cérémonial qui doit les entourer de respect, rien n'échappe à cet esprit investigateur pour lequel il n'y a point de minuties. Ce n'en est pas une surtout que la manière de former la loi, que celle de la promulguer, et que la mission plus importante peut-être et certainement plus délicate, de l'interpréter. Celle-ci est confiée au sénat, représentant perpétuel de la nation, tuteur naturel de ses intérêts, organe légal de ses volontés. C'est aussi lui, c'est le sénat qui connaîtra des titres des étrangers à leur admission aux droits de citoyens Français. C'est à lui, comme nous l'avons expliqué, qu'a appartenu le droit de réduire d'abord, de supprimer ensuite le tribunat : droit malheureux et déplorablement exercé, moins encore par l'excès qu'il entraîna, que par ceux dont il donna l'exemple. Lorsque des barrières, que la loi oppose au pouvoir, il se fait des appuis, où sont les garanties contre son oppression, où est la liberté ?

Le droit de pétition ne peut pas plus se déclarer, ni se nier, que la faculté de souffrir ; qui souffre, se plaint, c'est le cri de la nature auquel la société a dû donner des formes légales qui le fissent arriver à l'autorité. L'empereur rend hommage à cette théorie, en la revêtant de formalités qui la facilitent : il place auprès de sa personne une commission chargée de recevoir, d'examiner, d'analyser les pétitions et de lui en présenter le rapport. Ceux qui ont demandé qu'il reçut, qu'il lut ces pétitions lui-même, et qu'il y fit droit sur-le-champ, n'ont pas réfléchi de combien d'intérêts le chef de l'état était le centre, et de quelles complications ils embarrassaient, par des intentions libérales, une marche qui applanissait tout par sa simplicité. Si depuis on en a pas retiré tout le fruit qu'on en attendait, c'est la faute des hommes et non de l'institution.

C'est ici le moment de dire quelques mots sur la nature et l'usage des statuts impériaux, quoiqu'ils soient d'une date bien postérieure à l'établissement de l'empire. Ils différaient des décrets, prononcés pour l'exécution des lois, en ce qu'ils étaient eux-mêmes des lois, mais des lois nécessairement appuyées de sénatus-consultes et spécialement appliquées à des objets particuliers. On compte quatre statuts impériaux très-remarquables: celui du 1.er mars 1818, concernant l'établissement des titres héréditaires; celui qui, sous la même date, définit la nature des titres et prescrit le mode de leur transmission; celui du même jour encore, qui concerne la formation et la conservation des majorats. Nous nous arrêterons un instant sur le statut du 30 mars 1806, appelé *Statut de Famille*. En vertu de l'article 14 de l'acte des constitutions du 28 floréal, l'empereur avait le droit de le prescrire : il forme, selon son expression, « la loi de la famille impériale. » On remarque dans plusieurs de ses dispositions, dit le statut lui-même, que l'empereur ne s'est pas uniquement abandonné aux sentimens affectueux dont il était pénétré, et au bonheur de faire du bien à ceux qui l'on servi ; il a été principalement guidé par la pensée de consolider l'ordre social et le trône impérial qui en est le fondement, de donner des centres de correspondance et d'appui au grand empire : « c'est ainsi, ajoute ce prince, que cette grande pensée se rattache à nos pensées les plus chères, à celle à laquelle nous avons dévoué notre vie entière et attaché la grandeur, la gloire et la prospérité de nos peuples. »

A titre de chef et de père commun de sa famille, l'empereur exerce sur ceux qui la composent une puissance paternelle pendant leur minorité, et conserve toujours à leur égard un pouvoir de surveillance et de police. Il suit delà que, par des dispositions coordonnées à nos lois civiles, l'empereur détermine l'état des princes et princesses de sa maison ; prescrit les actes relatifs à cet état et trace la forme de ces actes; règle l'éducation des enfans des princes et princesses, et agit, dans cette magistrature royale et paternelle, assisté d'un conseil de famille. On remarque, parmi ces dispositions, celle qui annulle de plein droit le mariage d'un prince ou d'une princesse, toutes les fois qu'il aura été contracté sans le consentement formel de l'empereur; celle qui déclare illégitimes les enfans nés d'une union qu'il n'a point approuvée; celle qui prohibe le divorce aux membres de la famille impériale; celle qui investit l'archichancelier du titre d'officier de l'état civil; les formalités indiquées pour la rédaction et le dépôt du testament de l'empereur ; les règlemens relatifs à l'éducation des princes et princesses, soumis, sous les yeux de l'empereur, à un régime identique, dont le cours commencé à l'âge de sept ans, doit être terminé lorsqu'ils auront atteint leur seizième année; enfin les mesures que peut adopter l'empereur pour réprimer les déportemens des membres de sa famille qui oublieraient leur dignité ou leurs devoirs : ces mesures sont les arrêts, l'éloignement de sa personne, l'exil. En observant que le pouvoir central de l'empereur pivotait, pour ainsi dire, au milieu de sa famille pour se déployer et s'étendre delà jusqu'aux extrémités de l'empire, l'opinion applaudit à l'hommage qui lui était rendu par le pouvoir. Elle trouva, dans les sévérités du statut de famille, le contrepoids des avantages dont leur position favorise les princes, et une sorte de compensation aux misères qui affligent les peuples. Elle y trouva surtout ce qu'elle eût vainement demandé aux dynasties nonchalantes ou féodales : des garanties contre les attentats de leurs membres. On conçut dès-lors l'espérance que d'oisifs courtisans, d'insolens favoris, d'impudentes maîtresses ne disposeraient plus de la fortune publique, ne se joueraient plus de l'honneur des familles et de la liberté des citoyens. Le mal que ne fait pas l'autorité est souvent regardé comme un bienfait; mais, quand elle promet aux nations ces biens délicats qui touchent à l'intimité de la famille, est-il de reconnaissance à laquelle on ne lui croye point de droit?

Je terminerai ce paragraphe en notant ici la réforme du calendrier républicain, auquel on fit succéder celui qui, durant des siècles, l'avait précédé, le calendrier grégorien. En reconnaissant, dans le premier, une division analogue au système métrique et conséquemment aux théories astronomiques ; en avouant que les appellations des mois sont caractéristiques et harmonieuses, il faut reconnaître aussi que n'étant point, je ne dirai pas universelles, mais seulement européennes, elles conviennent à un petit nombre de latitudes. La réforme grégorienne, qui se compose d'à-peu-près, est adoptée dans l'univers chrétien et pratiquée par l'univers marchand. Jusqu'à ce que la raison triomphe par la force ou d'elle-même, il faut obéir a une routine qui outrage sans doute et la marche naturelle du temps et la répartition des époques ; mais que la chancelerie romaine a fait adopter à tous les cabinets, à tous les comptoirs, à toutes les bourses.

§ 3. Cultes.

Leur liberté fut proclamée : on eut dû introduire leur indifférence ; Napoléon en avait la force, pourquoi n'en eut-il pas la volonté ?

Une protection spéciale accordée aux catholiques les autorisa à réclamer, pour leur établissement, l'intervention des formes politiques. On traita diplomatiquement ce qui, au point où en sont les choses, peut-être réglé par l'administration. L'empereur des Français, qui depuis à proclamé l'indépendance du trône impérial de toute autorité sur la terre, était assez puissant pour refuser au pape le titre de puissance : le souverain pontificat est une dignité éminente, la première de l'église, mais la première conférée par des égaux et par élection. Conservatrice du dogme, législatrice du rit, arbitre de la discipline, dont elle est aussi la source, quels rapports auraient ces fonctions avec celles du gouvernement temporel? Celui du pape, représentation vivante du Christ, ne peut diriger que les consciences ; et pour diriger les consciences, dont l'autorité temporelle ne saurait se mêler, il n'est que faire de concordat. Celui que l'empereur conclut avec la cour de Rome est une faute énorme, source de plusieurs fautes. Cette cour, qui a pour maître le successeur du Pêcheur, et pour siége une barque souvent agitée, cette cour de prêtres et d'eunuques, louvoye, quand l'orage tonne, foudroye lorsqu'il est calmé. Elle ne put refuser l'institution déclarée nécessaire, ce qui la rend inutile; mais quelques années après, elle fit payer cette complaisance envers Napoléon : elle l'excommunia.

Nous avons déjà rapporté que le concile, plus occupé d'intérêts locaux que d'opinions religieuses, n'avait nullement répondu à l'attente du gouvernement. Ce concile, où l'on avait convoqué toute l'église d'Italie, et où l'on comptait, parmi les évêques de France, quelques prélats étrangers, ce concile était plus que national et moins qu'œcuménique. Il agita des questions qui ne le concernaient point, décida mal celles qui lui étaient soumises, et se montra fort au-dessous de sa mission. Sa mission était de pacifier l'église ; il la laissa pleine de doutes et de troubles. C'est que, pour pacifier l'église, il fallait la faire rentrer dans l'état, et que jamais elle n'y rentra franchement. Les prêtres, pliés sous le sceptre de Napoléon, le bénissaient dans la chaire, le calomniaient au confessionnal, l'anathématisaient à genoux. Ils l'appelèrent Cyrus, lorsqu'il leur rendit leurs temples, et *Fléau de Dieu*, quand il fut détrôné. Si l'église de 1793 s'est illustrée par le martyre, celle de 1801 s'est déshonorée par la flaterie et la fourberie. Heureusement que ces turpitudes se passaient dans le recoin obscur des sacristies, et qu'il n'en parvenait au peuple, que quelques échantillons ridicules. Plus il respecte, plus il chérit la religion de Jésus, moins il peut goûter, plus il méprise celle des prêtres.

On sera moins rigoureux, quoiqu'aussi juste, envers les ministres réformés, qui ont bien aussi quelques côtés blâmables, mais qui du moins, rachètent les torts inséparables de leur profession, en trans-

portant, dans son exercice, les vertus de la famille.
Dans des réglemens appropriés, l'état leur garantit
une protection paternelle, des moyens propagateurs
et des ressources contre les vicissitudes. Il en était
ainsi et plus magnifiquement des prêtres catholiques,
auxquels on ouvrit des séminaires, des écoles, des
bourses et des succursales. Les juifs furent à leur
tour appelés à cette communauté de bienfaits : une
réunion générale de leurs rabbins fut constituée,
sous le titre de *Grand-Sanhédrin*; mais, non moins
rétive à l'impulsion supérieure que le concile, cette
assemblée fit échouer les intentions les plus pater-
nelles et les plus libérales. Ils fléchirent aisément
sous la main du Solomon qui relevait le Temple ;
mais il fallut qu'à son tour Solomon fléchit devant
l'Usure qui, au besoin, démolirait le Temple pour
trouver quelques écus sous ses débris.

On a blâmé le catéchisme et l'on a eu tort et raison.
On a eu raison de repousser, dans l'article qui érige
en dogme l'obéissance à Napoléon, une adulation
digne des Ilotes, s'ils avaient eû des prêtres ; on a
eu tort de comprendre dans ce dégoût un ouvrage
de Bossuet, lequel sans doute, pourrait-être plus
élémentaire et devrait-être plus usuel, mais qui,
tel qu'il est, assujettit l'enseignement religieux à un
mode simple et uniforme. Le vœu des chrétiens
raisonnables a toujours été pour un catéchisme
unique, pour une seule liturgie. On avait gagné

l'un; la réunion des Etats-romains promettait l'autre: la chûte de l'empire devait-elle entraîner celle de tous deux, lorsque tous deux étaient utiles à l'église et à la catholicité ?

§ 4. Administration Générale.

Pour faire des dix nations qui se partageaient la France, une nation unique, il fallait faire, de son territoire, morcelé en provinces, un tout identique et homogène : c'est ce que tenta, c'est à quoi parvint, sous plusieurs rapports, l'Assemblée constituante. Par sa nomenclature départementale, elle renversa les anciennes démarcations, substituant à des titres de royaumes, devenues provinces, des appellations topographiques, c'est-à-dire, des liens naturels à des murs de séparation. Rien de plus ingénieux dans ses détails, rien de plus heureux dans son ensemble, que ce travail, ouvrage de Sieyès et du comité de constitution dont l'infortuné Gossin fut le rapporteur. En conservant les délimitations territoriales, Napoléon remplaça les administrations républicaines, par des préfets monarchiques. Les départemens qu'ils administrent sont divisés en arrondissemens réglés par des sous-préfets qui comptent, sous leur juridictions, un certain nombre de municipalités gouvernées par des maires. Ces magistrats, ainsi que nous l'avons déjà relaté, ont cessé d'être ceux du peuple, et de représenter la commune, puisqu'ils sont choisis par le gouvernement. Ils en sont les commissaires, et rappellent le régime des subdélégués, comme l'autorité préfecturale retrace celle des intendans.

Cependant, il faut convenir que cette détérioration dans le système libre, a pour ainsi-dire, retrempé le ressort financier. Les contributions réparties, sinon avec plus d'équité, au moins avec plus d'exactitude, sont perçues plus rapidement et remontent plus vite au trésor. C'est le propre d'un gouvernement central qui prend sa vigueur, autant dans sa constitution neuve, que dans la volonté de ceux qui l'ont institué. Lorsqu'une autorité respectée emploie, pour faire obéir ses sujets, les moyens qu'elle employa pour les sauver, nul doute que d'abord rien ne lui résiste, et la reconnaissance peut ressembler à l'amour. Pourquoi faut-il que le temps qui désenchante tout, découvre au fond des plus nobles sentimens, l'égoïsme et l'individualité?

C'est de l'époque actuellement retracée que datent, dans les quatre principales villes de l'empire, Paris, Lyon, Bordeaux, Marseille, l'établissement des octrois municipaux, destinés au service des dépenses locales, et celui des budjets des communes imaginés pour réaliser la balance jusqu'alors fictive des dépenses et des recettes, et pour simplifier la comptabilité. Cette mesure, très équitable dans son principe, et très-utile dans son application, fut gâtée par l'exagération. Était-il besoin que ces budjets, ainsi que ceux des départemens, au lieu d'être arrêtés par l'autorité locale, fussent attirés par le conseil-d'état, et soumis à la discussion impériale ? Aussi dans son système de centralisation, Napoléon, qui d'abord apprit tout, lorsqu'il demanda à tout connaître, finit par tout ignorer, quand il voulut tout gouverner. Même en matière de finances, où la méthode pourtant est de rigueur, l'excès de la méthode peut produire l'embarras, et l'excès de l'ordre amener le désordre.

§ 5. Organisation Judiciaire.

Considéré quant aux formes qui le décorent, l'Ordre judiciaire présentait un extérieur imposant et un aspect majestueux. Ses attributions étaient précisées avec netteté; la juridiction de chacun de ses degrés était hors de contestation; l'hiérarchie engendrait entre eux une subordination, d'où résultait l'ordre ; et la discipline de surveillance exercée avec plus de faste que de sévérité, maintenait le respect public autour de ceux qui l'exerçaient, comme autour de ceux qu'elle atteignait. Il n'y a donc que des éloges à donner à cette judicature impériale, en tant qu'on n'envisage, pour ainsi-dire, que le matériel. Quand il s'agit de l'examiner comme organe de la loi, et distributrice de la justice ; c'est autre chose. Distraction faite des Codes, et surtout du Code pénal, dont nous avons déjà touché quelques abus, que sont les magistrats ? Ce que l'empire les avait fait, des prêtres armés d'un glaive. Ce qu'on appelle esprit de corps, formait d'eux tous une ligne offensive et défensive, en vertu de laquelle tout citoyen était attaquable, tout magistrat ne pouvait être attaqué. L'esprit de la loi fléchissait sans cesse dans leur bouche devant la jurisprudence des tribunaux. Comme ils étaient un pouvoir, ils opposaient leurs opinions, et trop souvent leurs affections à la pensée du législateur. Mais, d'ailleurs, quoiqu'ils fussent un pouvoir et un pouvoir très-fier devant la société, ils se montraient méticuleux et dociles en présence du gouvernement. Rien pourtant ne leur prescrivait la servitude, puisqu'ils étaient inamovibles, ni les ménagemens, puisqu'il n'étaient point responsables. D'où vient donc cette servilité envers le pouvoir, et cette morgue à l'égard des citoyens ? Peut-être de ce qui faisait leur mérite, ou le supposait, de leurs talens. Des études longues et épineuses leur donnaient incontestablement sur la foule une grande supériorité ; l'habitude, la nécessité de s'énoncer en public en exagéraient le sentiment, que poussaient bientôt à l'excès, celles des discussions minutieuses, et des débats oiseux. On croit à la présomption des hommes accoutumés à manier de grandes affaires : c'est une erreur ; les grandes affaires ne se mènent point par d'autres ressorts que les affaires ordinaires, et ce que ces ressorts ont de vulgaire, désarme bientôt l'orgueil de celui qui les fait jouer. Il n'en est pas ainsi des affaires médiocres, surtout si elles tombent aux mains des hommes médiocres ; et sauf quelques exceptions, les magistrats impériaux, hors du barreau et du prétoire, n'étaient pas des hommes supérieurs. Il n'était même ni nécessaire, ni désirable qu'ils le fussent. Mais de cette médiocrité précisément, résultaient ces dispositions à la curiosité, plus qu'à l'investigation, aux conjectures, plus qu'au besoin des certitudes, aux préventions, plus qu'à la terreur d'être injustes : toutes qualités qui n'excluent d'ailleurs ni les intentions droites, ni certaines vertus. Le travail, par exemple, le désintéressement, ont honoré la magistrature de tous les régimes ; et, sans flétrir ces titres à l'estime, on peut dire qu'ils en sont aussi pour inspirer, et peut-être un peu pour justifier la morgue. L'importance et la morgue, qui ne paraissent que des ridicules, voilà peut-être les causes des erreurs les plus graves des magistrats. Elles leur font faire des fautes en conscience, et ne leur permettent point les remords. Elles leur inculquent une conviction de raison, une opiniâtreté de sentiment que le cri public repousse quelquefois, mais qui ne recule jamais. Appuyé sur *la Chose jugée,* qu'il croit la justice, ou sur la justice qu'il nomme équité, l'homme de loi brave trop souvent l'opinion qu'il méprise, et se retire dans sa conscience, avec ses préjugés qu'il révère comme un héroïsme. Ces abus, à la servilité près, appartenaient aux parlemens et ne furent point légués aux tribunaux de la république. Il est vrai que ces derniers manquaient de dignité, et que, quelquefois même, leur popularité les rendit corruptibles. C'est un grand malheur sans doute, mais beaucoup moindre, puisqu'il est individuel, que ceux qui ont affligé les tribunaux de l'empire. Le plus grand de tous, le plus déplorable, parce qu'il semble irréparable, c'est l'absence de toute confiance en leur bonté, c'est l'effroi public provoqué par tous leurs actes. De la cédule d'un huissier, à l'ordonnance d'un premier président, le peuple ne saurait voir tout ce papier timbré sans frissonner. Il reproche à Napoléon, non d'avoir *enrégimenté* les avoués et les avocats, mais d'en avoir fait pulluler l'espèce, par myriades indéfinies. Il n'ignore pas qu'à l'aspect des gens de loi les procès éclosent, comme les péchés devant les prêtres, comme les maladies devant les médecins ; et, à dire vrai, de tous les corps de judicature, l'empire lui a appris à n'aimer que les juges de paix, et à ne révérer que la cour de cassation. Pourquoi d'autres tribunaux préfèrent-ils de lui inspirer, avec le respect qui leur est dû, la défiance et la crainte qui diminue leur autorité ?

Cependant il serait injuste de taire que c'est des

premières années du gouvernement impérial que datent la création d'un conseil des Prises, l'établissement des prud'hommes-pêcheurs, l'organisation du notariat, les attributions du conseil d'état en matières contentieuses, la composition et les attributions de la haute-cour, la création de la cour des comptes, celle d'un corps de juges-auditeurs près chaque cour d'appel. De ces trois institutions, la première n'a jamais eu l'occasion de signaler son existence; la seconde, au lieu de n'être qu'un bureau de vérification, ce qu'elle est encore, aurait dû composer une censure d'une sévérité minutieuse dans ses examens, d'une rigidité et d'une exactitude dans ses jugemens, telles que le comptable fut toujours effrayé, le contribuable toujours rassuré.

Ceci s'applique surtout aux ministres, dont la responsabilité sera toujours dérisoire, tant qu'ils n'auront pour juges de leur manutention pécuniaire que la représentation nationale à laquelle ses hautes fonctions ne permettent que d'approuver ou d'improuver les comptes, mais qui ne peut, ni ne doit se les faire rendre de clerc à maître et les examiner.

Pas de critique raisonnable sur l'innovation des juges-auditeurs. Je dirai la même chose des auditeurs au conseil, laissant de côté toutefois la part qu'ils ont pu prendre à la tyrannie. Les établissemens admis auxquels ils appartenaient, c'est une idée singulièrement heureuse que d'y initier par d'insensibles degrés ceux qui doivent un jour les occuper. Les écoles expérimentales, où le novice voit travailler les maîtres sur le terrain, furent imaginées, je crois, par Mirabeau, qui leur avait joint l'avancement progressif dans les fonctions publiques, dont celles d'auditeurs ne sont que l'essai. En s'emparant de ces deux inventions, Bonaparte les améliora par la pratique; il en étendit l'usage à l'administration, y trouvant, outre les avantages dont nous parlons, ceux d'une sorte de candidature monarchique qui remplacerait peu à peu et ferait oublier enfin celles des élections.

§ 6. Législation civile.

Nous ne dirons qu'un mot de ce qui ferait aisément le sujet d'un volume. Le code civil se simplifiera par la simplification d'intérêts, et ceux-ci arriveront à une seule direction par la division toujours croissante des propriétés. Il viendra un temps où le contrat n'aura qu'une forme, parce que la transaction n'aura qu'un but : c'est lorsque la jouissance réelle sera substituée à la possession fictive. Jusques là, c'est beaucoup d'avoir réduit à une seule expression la pensée publique éparpillée, pour ainsi dire, et comme égarée dans le dédale des coutumes. Jusques là encore il faudra bien souffrir ce Code de procédure si compliqué et si fiscal, dont le moraliste a rêvé que les embarras et les taxes rebuteraient les plaideurs, comme si tout procès n'était pas une passion qui se nourrit de pertes et s'éternise par les difficultés !

§ 7. Législation pénale.

J'emploie à dessein cette affligeante épithète : c'est la seule que mérite ce qu'on appelle vulgairement *le Criminel et la Police*, parce que c'est la seule qui représente le véritable esprit d'une législation qui cherche des coupables et ne demande qu'à punir.

La révolution, partageant les esprits, divisant les affections, mettant en présence et armant les uns contre les autres les intérêts les plus opposés, la révolution avait du porter dans toutes les relations sociales, dans toutes les transactions, une défiance intérieure, un langage sévère et des formes acerbes. Peut-être même, les factions ne se croyant pas assouvies, avaient-elles transmis dans le corps de la nation, un mécontentement aigre et je ne sais quel besoin de haïr qui, trop souvent, s'est manifesté par la vengeance. Au terme que Bonaparte assigna à la révolution, il est à craindre que ces sentimens n'aient passé du peuple à l'autorité. En ressaisissant l'action, elle l'a sans doute revêtue de formes qui la rendent tolérable ; mais en l'exerçant, son objet paraît être beaucoup moins de garantir la société, que de frapper ceux qui la troublent. En admettant qu'ils soient dangereux, pourquoi supposer qu'ils ne sont plus raisonnables ; en admettant qu'ils soient criminels, pourquoi oublier qu'ils sont encore sensibles ?

Ces reproches doivent moins s'adresser à Bonaparte qu'à ses conseillers. Jeune, vainqueur et guerrier, il était naturel qu'il mit dans sa législation le tranchant de son âge, la hauteur de sa position, l'âpreté de son caractère. Peut-être même la prérogative de clémence accordée au pouvoir souverain est-elle un attrait à fausser l'équité, parce qu'on trouve plus doux d'être bon que d'être juste. Mais cette excuse, si c'en est une pour Bonaparte, se tourne en accusation contre ceux qui formaient son conseil. C'étaient pour la plupart, des criminalistes fort distingués, mais quoique criminalistes, c'est-à-dire des hommes accoutumés par métier à ne chercher le positif de la société que dans ce qui la vicie, ne devaient-ils pas s'élever, dans leur réforme de la loi, à des hypothèses plus honorables, à des doctrines moins avilissantes ? A quoi sert d'avoir vécu, si l'on dédaigne l'expérience ? Pourquoi une révolution et de nouvelles lois, si elles ne rendent pas les hommes meilleurs ?

C'est aussi l'objet de toute bonne philosophie, dont la législation n'est qu'un des instrumens appliqués au corps social : cet objet n'a-t-il pas été perdu de vue dans la législation criminelle de l'empire ?

Sans parler de l'inconstitutionnalité des tribunaux spéciaux, c'est-à-dire des *Commissions* où le gouvernement qui accuse par certains agens, fait condamner par certains autres ; sans parler du rétablissement de la flétrissure, peine éminemment immorale, qui fait du repentir une duperie et du retour à la vertu une impossibilité ; sans répéter tout ce que la philantropie, l'expérience, le simple bon sens ont inspiré contre la peine de mort, dont l'iniquité, l'inhumanité, la pernicieuse influence et l'inutilité sont les moindres inconvéniens ; sans reproduire enfin tous les raisonnemens plus ou moins concluans contre la multiplicité, la prodigalité des peines, et leur peu de proportion avec les délits ; qu'il nous soit permis de résumer ici les observations que nous dicta, à l'époque de sa publication, la nouvelle organisation du Jury.

Pour démontrer que cette organisation en altère la nature et en détourne l'application, il suffit de recourir à la définition du mot qui renferme la signification de la chose. Qu'est-ce que le Jury ? le juge *de ce qui est*, comme la jurisprudence, ou le tribunal est le juge *de ce qui doit être*.

Si de cette acception grammaticale, nous passons à l'application politique, nous trouvons que dans l'hypothèse incontestée que les lois pénales soient la sanction des autres, cette sanction ne peut se manifester que par l'action coercitive du corps social sur chacun de ses membres. Dans quelle occurence cette action doit-elle être exercée? Dans celle où seraient violées les droits dont elle est la conservatrice. Par qui doit-elle l'être? On comprend soudain que ce ne peut-être par le pouvoir actif de la société, puisqu'à titre de son représentant, ce pouvoir, blessé de ce qui la blesse, serait juge dans sa propre cause. Qui donc jugera sans intérêt individuel? Un pouvoir spécial : c'est le pouvoir judiciaire. Mais, outre que le pouvoir judiciaire, qui pourtant tient son autorité du corps social, a reçu l'institution du premier pouvoir et exerce des fonctions en son nom, ce qui lui donne avec ce pouvoir une sorte de communauté de sentimens, il est contre les notions d'une logique exacte, au moins autant que contre les règles de la justice distributive, que celui qui déclare ce qui est, prononça aussi ce qui doit être : car ce qui doit être est la règle, ce qui est, est l'infraction; et l'habitude de révérer l'une, d'en être le ministre et l'organe, arme nécessairement de préventions contre l'autre. Qu'a-t-on imaginé pour soustraire à ces préventions l'homme qui, par un acte qualifié délit, les a armées contre lui? D'appeler à l'examen de cet acte des envoyés de la société, lesquels, en son nom, selon leur conscience, et indépendamment des conséquences, déclarent premièrement que cet acte *est* ou *n'est pas*, et en second lieu que cet acte, quand il est, *est ou n'est pas un délit*. Dans les deux dégrés de cette marche, qui est aussi celle des idées, on voit ou les deux jurys d'accusation et de jugement, ou les deux déclarations d'un même jury. Ce qui est, ou *le Fait*, étant déclaré, c'est au pouvoir, juge de ce qui doit être, à prononcer sur *le Droit*, c'est-à-dire, si la règle est blessée par l'infraction et de quelle manière elle est blessée. Pour cela, ce n'est pas son opinion qu'il émet, mais la loi qu'il ouvre. Elle a prévu le cas : il ne s'agit que d'y accorder le fait.

Je viens de dire que pour constater l'existence de ce fait, il fallait que la société envoyât des délégués. Par qui seront-ils choisis ? Il ne tombera sans doute dans l'idée de personne qu'ils puissent l'être par aucune autorité, puis qu'émanée du premier pouvoir, tout autorité est influencée par lui et nommerait nécessairement pour la venger, ceux qui, par caractère, ou par position, lui sont dévoués. Il semble que pour obvier à ce grave inconvénient, le sort seul doit décider des choix, qu'une décision antérieure peut circonscrire dans un cercle donné, et qui, dans la crainte d'être dominés dans l'exercice de leurs précieuses facultés, doivent être transitoires et, pour ainsi dire, improvisés. Ce cercle néanmoins sera assez étendu, pour que chacun de ceux qui jouissent d'ailleurs de leurs droits civiques y soient admis. De cette façon, il y aura égalité dans les choix et réciprocité dans les fonctions, le juge d'aujourd'hui se trouvant justiciable demain de celui qu'il a jugé.

Ces principes, contemporains de l'origine des sociétés et qui n'ont pu être oubliés que dans leur décadence; ces principes, dont la restauration, due à l'Assemblée constituante, avaient enfin réintroduit la liberté dans l'administration de la justice (puisque, selon Montesquieu, la liberté n'est que l'opinion qu'on a de sa sûreté;) ces principes furent indignement méconnus dans la législation de l'empire. La nomination des jurés fut abandonnée aux préfets, c'est-à-dire au gouvernement même; leur choix fut livré aux présidens des cours, autres officiers qui, quoiqu'inamovibles en ce sens qu'ils ne peuvent descendre, se regardent comme très-dépendans en ce sens qu'ils désirent monter. La faculté de récusation, partagée entre le ministère accusateur et l'accusé, perdit presque tout son prix. Et si au système déplorable d'une accusation, souvent plus spécieuse que vraie, soutenue par la prévention, l'ignorance ou l'esprit de parti, on ajoute la controverse qu'un président passionné ou bel esprit substitue, par fois, au résumé impartial dont la loi lui fait un devoir; si l'on y ajoute surtout cette terrible délibération du jury, où la simple majorité suffit pour condamner, et la délibération plus effrayante encore, où la cour, jusqu'ici juge du droit, le devient tout à coup du fait, et se métamorphose en commission; je demande où est l'égalité judiciaire, et qu'elle est l'opinion qu'une telle justice donne aux citoyens de leur sûreté?

J'aime autant, j'aime presque mieux la suspension du jury, comme elle fut ordonnée par le sénatus-consulte du 28 février 1804, pour le jugement des crimes de haute trahison, c'est-à-dire, des crimes dont l'examen exige, plus expressément qu'aucun autre, l'intervention du jury; j'aime également mieux la mauvaise invention des jurés spéciaux, c'est-à-dire des *commissaires*, auxquels l'enlèvement de toute liberté ne permet aucune incertitude sur la servilité de leur délibération. En fait de tyrannie, je lui tiens compte de sa franchise, quoique d'un autre côté cette franchise soit peut-être humiliante, puisqu'elle ressemble beaucoup au mépris, et qu'on ne trompe que ceux qu'on redoute.

Le ministère de la police de l'empire a déjà provoqué une foule de réflexions, et exigerait des détails historiques que ne comporte pas un travail comme celui-ci. D'ailleurs, le moment de tout dire n'est pas arrivé; et plus les révélations seraient piquantes, plus elles réagiraient contre l'indiscret qui les aurait hasardées. Le ministère de la police, composé de deux parties, avait des employés de deux sortes : de secrets, comme en aura toujours toute police, semés dans toutes les classes de la société, pour y soutirer, comme avec des siphons, les pensées intimes, les actes familiers ; heureux, lorsqu'ils ne les dénaturent point ! On comprend mal aisément la nécessité de ces agens, lorsqu'on fait partie des gouvernés, et souvent on en éprouve le danger ; quand on monte parmi les gouvernans, il semble qu'on voie de toute autre manière. Alors, par je ne sais quelle métastase, qu'explique l'orgueil, on transporte sur le moral l'autorité que la loi donne sur les actes matériels. Il n'est guerre de membres de l'autorité qui, parce qu'il a le droit de vous demander compte de vos actions, ne s'imagine avoir celui de connaître vos pensées. De la prétention de les pénétrer à l'abus de les diriger, à l'écart plus blâmable de les retourner contre vous, mille exemples ont prouvé que l'intervalle était imperceptible. Voilà ce qui fait de la police une monstruosité, de son nom seul un épouvantail. Rendez-la à la seule investigation du crime, c'est-à-dire au maintien de la sûreté, elle aura bientôt repris de la considération et parviendra peut-être à se faire bénir.

Lorsque des bouches véridiques osèrent exprimer à l'empereur cette censure, qui est celle de la société, il répondit : « Je bâtis sur un volcan éteint, mais que l'Angleterre, mais que les factions cherchent à rallumer. Quand il s'agit de l'existence, tous les moyens sont bons. Le sol tremble encore : voulez-vous que je saute en l'air avec ses débris ? Atteignons le dernier conspirateur, noyons le dernier corsaire anglais ; après cela, nous verrons. »

Parmi les établisssemens qui composaient la nouvelle police, il faut noter celui des magistrats de sûreté, sorte d'officiers mixtes auxquels, d'une part, les commissaires de quartier étaient subordonnés, et qui, de l'autre, l'étaient eux-mêmes au procureur-impérial, dont ils devinrent les substituts. On remarqua aussi les mesures relatives à la publication des journaux : quelques-unes de ces mesures étaient prudentes et justes ; quelques autres, en plus grand nombre, respiraient l'iniquité. On approuva généralement les réglemens relatifs aux inhumations, de ce moment prohibées dans les enceintes habitées ; ceux qui, n'ayant pour but que de réprimer la mendicité, en occupant à un travail facile, assidu et lucratif, les individus qui l'exercent, eurent pour résultat de la prévenir par la proscription de l'oisiveté ; ceux qui, dans un esprit également philantropique, diminuèrent, par des travaux méthodiques et des bénéfices assurés, les ennuis et les dangers des détentions ; ceux qui assujettirent à une police éminemment conservatrice la distribution des remèdes secrets ; ceux qui, ne pouvant anéantir les jeux de hasard, leur donnèrent au moins des entraves ; ceux enfin qui essayèrent de favoriser le génie des auteurs dramatiques et les plaisirs du public, en éguillonnant la paresse des comédiens par des encouragemens, ou en enchaînant leurs caprices par une bonne administration.

La publication d'un Code de procédure criminelle, ouvrage en ce genre le plus important de l'époque, amena, dans les formes, des changemens qui furent appelés des améliorations. Les justiciables, en remarquant moins de complication dans la marche des procès, ne se défendirent point de cette sorte d'illusion qui fait prendre la simplicité pour la justice. Malheureusement cette simplicité, ou plutôt cette simplification, ne fut utile qu'aux instrumens qui jouèrent plus à leur aise qu'auparavant ; mais elle n'a rien ôté à ce terrible glaive des lois, qui peut-être frappe avec d'autant plus de sécurité, qu'il frappe plus vite.

§ 8. LÉGISLATION MÊLÉE.

1. *Agriculture et Forêts.* Une nouvelle administration fut créée pour régénérer l'agriculture, encourager les défrichemens, la plantation des

dunes et des landes, l'aménagement des bois. Des sociétés agronomiques proposèrent des prix pour les essais, et de véritables agriculteurs firent les plus heureuses tentatives. On naturalisa des pépinières d'arbres exotiques, et nos bois indigènes, soumis à des procédés chimiques, succédèrent, sans trop de désavantage, aux magnifiques bois des Indes et de l'Amérique. C'est ici l'occasion de mentionner les essais plus ou moins heureux, par lesquels un esprit plus patriotique qu'éclairé substitua certaines plantes nationales aux produits étrangers. Peut-être l'importance des résultats a-t-elle été peu proportionnée à la grandeur des espérances et aux fastes des promesses ; mais enfin il en est sorti la preuve que les denrées coloniales pouvant être suppléées, il n'était besoin que d'un degré de civisme de plus pour nous affranchir des tributs imposés par l'Angletterre. Il est vrai qu'à préjuger de la France par les femmes, elle aurait difficilement atteint ce degré désirable : tant est déterminative sur leur esprit l'influence du café !

Des aperçus aussi sommaires que ceux-ci ne nous permettent que d'indiquer, sous forme de nomenclature, les objets auxquels toucha l'empire. Citons donc rapidement les primes proposées pour la destruction des loups, la création de haras et l'institution annuelle de course de chevaux, l'établissement des dépôts d'étalons ; la formation des troupeaux mérinos destinés à conserver les races dans toute leur pureté, à multiplier les sujets, à les propager par des ventes annuelles; les ouvriers ruraux de Rambouillet et de Versailles, lesquels contribuent encore aujourd'hui à perfectionner la charrue, à propager les arbres fruitiers, à cultiver la garance et le coton, à élever les bêtes à cornes et les vers à soie. N'oublions pas, comme d'un intérêt plus haut, parce qu'il est plus général, l'exploitation et le partage des biens et des bois communaux; la police des chasses, de la pêche des fleuves et de leur navigation; les dessèchemens, les assolemens et les défrichemens; la réintégration et la plantation des grandes routes et des chemins vicinaux. Remarquons aussi, mais pour mémoire seulement, qu'une commission fut instituée près le ministre de l'intérieur pour rédiger un projet de Code rural; mais remarquons encore qu'aujourd'hui, c'est-à-dire douze ans après, ce code n'est même plus en projet.

2. *Commerce.* Dès le commencement du consulat, des mesures avaient été prises pour faciliter la circulation des grains et pour régler leur exportation. Des chambres, des bourses et des conseils de commerce furent établis sur les principales places, et dans les lieux opportuns. On encouragea le commerce d'Affrique, et l'on institua une compagnie du Sénégal. Des primes furent accordées pour la

pêche du hareng, et la police de la pêche de la morue à Terre-Neuve fut définitivement arrêtée. En même temps qu'on s'occupait de régler les manufactures et les ateliers de l'intérieur, on ne négligeait pas d'établir des maisons de commerce dans le levant. On prescrivait les formalités pour l'admission des denrées coloniales dans nos ports, et l'on ouvrait aux manufactures un crédit sur la caisse d'amortissement. Enfin, des objets d'un détail qui pourra sembler minutieux, mais dont l'effet est important, fixaient l'attention de ces regards, auxquels rien dans l'économie publique ne restait étranger : la même main qui traçait autour les îles britanniques le cercle de Popilius, déterminait la largeur des jantes de voitures de roulage. (*Loi du* 27 *février* 1804.)

3. *Finances et contributions.* Nous avons déjà relaté l'établissement et l'organisation de la Banque de France ; ceux de la liquidation de la dette publique ; ceux de la caisse d'amortissement ; la création d'une direction des douanes, et l'institution d'une administration de l'enregistrement. Nous avons constaté l'érection d'un ministère du trésor, la confection du cadastre et des budjets. Presque toutes les mesures financières qui suivirent, contribuèrent à développer celles-ci. Plus de simplicité, moins d'exaction, mais à la vérité moins de lacunes, parce qu'il y avait plus d'exactitude, mirent d'abord les

recettes au niveau des dépenses, puis bientôt au-dessus. Le système ruineux des emprunts fit place à celui des contributions que l'on acquitta d'abord avec joie, mais que leur multiplicité et leur exagération firent repousser comme un fléau journalier, et éluder par tous les moyens que l'intérêt froissé inspire contre l'oppression.

4. *Armée de Terre.* (1) Je parlerai peu de cette

---

(1) C'est à l'homme qui a recommencé César conquérant, qu'il appartient de reproduire César *commentateur.* Qu'il raconte la guerre comme il l'a faite, et nous aurons en doctrines militaires un monument comparable aux actions dont elles sont à la fois l'origine et la confirmation. Il serait même à désirer que chacun de ceux qui, dans les diverses branches de la guerre, ont pris une part importante à ces actions, en écrivît le récit avec les réflexions qu'elles lui ont fait naître. De ces mémoires précieux résulterait, non-seulement le tableau motivé de notre gloire nationale, mais les preuves incontestables qu'elle est le fruit des plus rares talens, comme de la plus admirable bravoure. En attendant ce grand travail, qui marquera le terme où s'est arrêtée l'ancienne routine, et l'élan que le génie fécondé par de nouvelles combinaisons a donné à des méthodes audacieuses, ces dernières ont un monument élevé par l'admiration publique dans la colonne de la place Vendôme. Quoique ce bronze voté par la France à sa grande armée n'ait retracé que les hauts faits d'une seule époque, il rappelle vivement d'autres époques antérieures ou subséquentes, toutes aussi mémorables, parce que, dans une nation, pour qui l'honneur est le plus cher des biens, comme la liberté est le premier besoin, la gloire de tous les temps est solidaire. Je ne crois pas qu'un vrai patriote lise exclusivement sur cet immortel airain les noms de *Marengo*, d'*Ulm* et d'*Austerlitz*; par le même motif que sa reconnaissance mêle parmi ces grands noms, ceux des *Pyramides*, d'*Jéna*, de *Friedland*; un autre ordre de souvenirs n'en exclu point ceux de *la Marsaille*, de *Guastalla*,

armée qui vainquit l'Europe pendant vingt ans, et que l'Europe ne put vaincre qu'une fois. Le moral de cette armée fut toujours excellent, en ce sens que, sous les drapeaux de la république, comme sous les aigles de l'empire, c'est toujours la France qu'elle défendit, ce fut toujours pour les droits du peuple qu'elle crut combattre. Elle admirait dans Bonaparte le général qui l'entraînait à la victoire ; et s'il arriva qu'elle secondât trop son dévorant système de conquêtes, c'est qu'elle y voyait l'indépendance du pays. La soif du butin, l'abus de la victoire ne sont que des accidens inévitables dans une foule innombrable et armée, que le succès enivre. Et les écarts de la violence, trans-

---

de *Fontenoi*: ces derniers, s'ils ne semblent pas avoir pour les peuples la même importance que les précédens, retracent pourtant les mêmes exploits et les mêmes sacrifices. Dans tous les âges de la monarchie, le sang français a coulé pour l'indépendance de l'état, pour la prospérité de la nation, pour la dignité de son gouvernement. Durant quatorze siècles l'amour des rois, bien différent de la servilité asiatique, n'a réellement été que l'amour de la patrie ; et lorsque quatorze cent mille hommes marchant à la fois sous les étendards de la république, l'absolvaient par leur héroïsme des crimes de ses tyrans, c'était encore le même sentiment qui inspirait ces braves, c'est-à-dire le patriotisme développé sur une échelle immense, et étendu à tout ce qui peut honorer le nom d'homme, et le titre de citoyen. Ainsi ces fastes de la guerre que je réclame, et dont je revendiquerai les plus mémorables, pour en décorer le travail dont celui-ci n'est en quelque sorte que prospectus ; ces fastes ne seront, et ne peuvent être que ceux de l'honneur et du civisme français.

portés par fois, trop souvent sans doute, dans l'ordre civil, sont moins les symptômes de ce que les déclamations ont qualifié tyrannie du prétoire, que les ressentimens d'une énergie fiévreuse qui ne sait où se prendre, et cherche à s'exhaler.

J'ai moins à dire encore du matériel de cette armée. Son organisation, d'une admirable simplicité dans son immense étendue, permettait que tout ses cadres s'élargissent ou se resserrassent, selon le besoin, avec autant de promptitude que de facilité. Ses corps, plus ou moins nombreux, selon les circonstances, et, dans ces corps, des fractions disponibles suivant la nécessité, donnaient au général les avantages des masses, sans lui en faire supporter les inconvéniens. Quant à sa discipline, elle l'a montrée à toute l'Europe par sa *tenue* sur les champs de bataille; et quant à cette *tenue* même, il ne faut, pour en concevoir une haute et juste idée, que nommer cette héroïque infanterie, devant laquelle s'était déjà éclipsée l'infanterie prussienne, la première de l'Europe, avant que la nôtre eut enlevé à toutes jusqu'à leur noms.

Indépendamment de la Légion d'Honneur, dont, pour faire l'éloge, il nous a suffit d'exposer l'esprit, on remarqua, parmi les faveurs que le chef du gouvernement prodiguait aux soldats, la création de 2,400,000 francs de rentes, sur les royaumes de Naples et d'Italie; celle d'un grand nombre de pensions accordées aux veuves des généraux, officiers et soldats morts sur divers champs de bataille, nottamment à Austerlitz, et l'adoption de leurs enfans; l'inaliénabilité des soldes de retraite et pensions des militaires et légionnaires. Si, dans ces prérogatives exceptionnelles au droit commun, l'on croyait reconnaître l'ascendant de l'esprit militaire sur le génie civil, il faudrait avouer aussi qu'il dérivait de la nature des choses et d'une nécessité de position. N'être qu'équitable envers ceux auxquels la France devait sa gloire et l'empereur son élévation, c'eût presque été être injuste. Voyez la singularité des circonstances! c'est en violant les lois qu'on récompense ceux qui les ont fondées; mais, comme c'est de leur sang qu'ils les ont cimentées, on ne blesse des dispositions écrites, que pour ménager des intentions, et c'est par une violation apparente qu'on prouve un respect réel.

5. *Marine et Colonies.* Leur situation, à l'avènement de l'empire, semblait exiger une régénération complète; mais les moyens manquaient. Vainement l'empereur porta dans cette partie son universelle activité: il put commander le matériel; des chantiers furent ouverts, il en sortit de nombreux vaisseaux; mais les hommes ne se retrouvent pas si vite, et il faut dix ans pour faire un marin. Jusqu'à ce que Napoléon en put réunir assez pour coordonner à son plan continental ses projets maritimes, il se con-

tenta de rajeunir la législation de la marine et particulièrement celle des neutres. Les colonies, ainsi que nous l'avons déjà remarqué, au lieu d'être gouvernées par un système général identique, furent administrées, pour ainsi-dire, une par une. Au moment ou l'on écrit ceci, cette législation morcelée dure encore. Mais ce qui ne subsiste plus, du moins si l'on en croit l'ordonnance, c'est la traite des noirs que Napoléon qui alors jettait les premières assises du système continental, avait organisée, afin de balancer celle que, malgré un bill de son parlement, l'Angleterre continuait encore. On sait que, par un motif bien différent, Bonaparte, à son retour de l'île d'Elbe, prononça, ou plutôt répéta l'abolition de cette même traite, décrétée dès les premières années de la révolution, par l'assemblée constituante, et reconnue par le roi actuel, en exécution du traité du 30 mai 1814, avec la Grande-Bretagne.

6 et 7. *Travaux et secours publics.* La meilleure manière d'apprécier ces deux parties de l'administration publique, c'est d'avoir de la mémoire et d'ouvrir les yeux. Qu'on se retrace le plan topographique de la France, à l'époque ou Bonaparte prit les rênes de son gouvernement; qu'on examine ce plan aujourd'hui, que l'on compare et que l'on prononce. Pour les détails, nous renvoyons à l'esquisse que nous avons précédemment tracée, et

mieux encore à la note qui correspond à ce paragraphe ; elle est insérée dans le recueil des documens intitulés : *Organisation de l'Empire.*

§ 9. STATISTIQUE LITTÉRAIRE.

Un institut, appartenant à tout l'empire, et fixé à Paris, était destiné à perfectionner les sciences et les arts. Nous avons succinctement indiqué la composition de ses quatre classes, et l'objet de chacunes d'elles.

Une université fut chargée *exclusivement* de l'enseignement public : ce que nous sommes bien loin d'approuver en thèse générale, la distribution des lumières, puisées à leurs sources, devant, selon nous, appartenir à qui en est, et même à qui s'en croit détenteur, sauf à rendre compte de son enseignement à la société, et à répondre, selon les lois antérieurement établies, des conséquences qu'il peut avoir. Dans ses idées de monarchie à fonder, l'empereur ne pouvait penser ainsi. Il voulait et devait vouloir, qu'une seule pensée, celle du nouvel établissement monarchique, détruisit peu à peu, et finit par effacer les pensées de monarchie féodale, de dictature révolutionnaire, d'administration républicaine, qui partageaient encore et travaillaient les têtes. Celles des jeunes gens, si faciles à conduire, et par conséquent à égarer, auraient pu, dans le système de l'enseignement libre, devenir la proie des partis, recevoir leurs impressions séditieuses, et continuer leurs factions. Ce malheur, le plus redoutable de tous pour la France, était inévitable, si les prêtres, comme tout portait à le croire, se fussent introduit dans l'enseignement. On connaît les maux résultant de celui des Jésuites, maux que n'ont pu balancer les bonnes intentions de l'ancienne université, mais dont la nouvelle, par sa force et son étendue, pouvait seule prévenir le retour. Chez un peuple neuf, ou parmi une population depuis long-temps tranquille, l'enseignement peut ne dépendre que de la raison, parce que dans ces deux hypothèses, la raison privée a pour régulatrice la raison publique dont elle n'est même qu'un dérivé. En est-il de même à la suite, à la fin d'une révolution qui, sous prétexte de faire triompher la raison, l'a tant de fois déshonorée par des excès, rendue haïssable par l'exagération, coupable même par le crime ? Que faut-il alors pour la réduire aux limites du devoir ? unité dans les principes, centralité dans l'action, uniformité dans le mode. Telle était l'université impériale. Par les motifs que nous venons d'énoncer, elle s'était réservé l'enseignement exclusif, et comme on l'a fort bien dit, le monopole de l'instruction. Cependant, il pouvait être formé hors d'elle, mais sous l'autorisation expresse de son chef, des écoles, dont l'objet spécial fut connu.

L'université se composait d'autant d'académies qu'il y avait de cours impériales. Les écoles appartenant à chaque académie étaient placées dans l'ordre suivant : 1.º les facultés ; 2.º les lycées ; 3.º les colléges ; 4.º les institutions ; 5.º les pensionnats ; 6.º les petites écoles ou écoles primaires.

Il y avait, dans l'université, cinq ordres de facultés : 1.º de théologie; 2.º de droit; 3.º de médecine ; 4.º des sciences mathématiques et physiques ; 5.º des lettres.

Un pensionnat normal, établi à Paris, était destiné à recevoir un certain nombre de jeunes gens qui y était formé dans l'art d'enseigner les lettres et les sciences. C'est l'idée améliorée, parce qu'elle est rendue permanente, des écoles normales essayées par la convention et dont la tentative fut illustrée par les Monge, les Garat, les Laharpe, les Bernardin-de-Saint-Pierre. L'objet de cette tentative, on se le rappelle, était de rendre uniforme l'enseignement. Que serait-ce en effet que l'identité de principes, sans l'uniformité du mode ? C'est par le mode que les principes démontrés se propagent, s'inculquent, fructifient et deviennent doctrines. Le fondateur de l'empire avait le plus grand intérêt que les doctrines scientifiques et morales fussent enseignées uniformément, non-seulement quant à leur objet littéraire, mais par les rapports qu'elles ont avec l'art politique qui se mêle à tout, et qui, dans la nouvelle situation où la révolution a mis les esprits, deviendra de plus en plus le but de toutes les connaissances intellectuelles, dont les autres ne seront plus que les moyens.

Près du pensionnat normal fut établie une maison d'émérites, ouverte comme une retraite agréable et honorable aux fonctionnaires de l'université qui auraient trente années d'exercice.

Maintenant nous devrions jeter un coup-d'œil sur quelques produits des sciences morales et littéraires pendant l'époque. Comme elle est devenue le passage entre la révolution et un nouvel ordre de choses, ces produits constateraient la situation de l'esprit humain, alors qu'il les enfanta, et permettraient de deviner ses nouveaux progrès. Cette étude, dont j'ouvre la perspective, sans pouvoir la parcourir ici; cette étude, en permettant d'apprécier le caractère moral de l'empire, exprimé par sa littérature, démontrerait qu'on le considérait comme un établissement fixe et permanent, d'où la politique se préparait à partir pour renouveller la civilisation. L'institution des prix décennaux, d'ailleurs plus fastueuse que profitable, vient à l'appui de cette assertion, en ce sens que des ouvrages qui, après avoir subi l'examen, ont obtenu une mention honorable, les plus nombreux et le plus remarquables, sont moins ceux de poésie et de littérature proprement dite, que ceux dans lesquels la littérature générale a servi d'organes aux sciences morales, aux développemens politiques, aux doctrines philosophiques. (1)

---

(1) On s'est réservé de traiter cette importante matière dans un *Essai* expressément consacré à la littérature, aux sciences et aux arts pendant l'époque de la révolution.

FIN DU PREMIER VOLUME.

TABLE ANALYTIQUE

DE

L'INTRODUCTION A L'HISTOIRE

DE L'EMPIRE FRANÇAIS.

TOME PREMIER.

Avertissement. . . . . *Page* 1

LIVRE PREMIER.

CARACTÈRE DE NAPOLÉON BONAPARTE EXPLIQUÉ PAR LES PREMIÈRES ACTIONS DE SA VIE.

Chapitre premier. Motifs de l'auteur et objet de l'ouvrage : peindre le caractère de *Napoléon Bonaparte*, et le tracer, moins d'après l'idée morale qu'on s'en forme, que d'après ses actions ; ce qui partage ce travail en quatre points de vue distincts et principaux :

1.º La force morale de Napoléon ;
2.º L'énergie politique de sa puissance ;
3.º Leur grandeur simultanée, leur action réciproque, leur décadence commune ;
4.º Leur influence sur le siècle actuel et sur la postérité.

(2)

Chap. II. Du caractère et de la situation. Action réciproque de l'un sur l'autre. Position de Bonaparte entre eux. Contraste de sa condition sociale et des dispositions de son âme. Influence du spectacle de la révolution sur lui. Conséquences possibles et résultats réels. Premiers élans de son naturel et premiers essais de son ambition naissante. Traits caractéristiques de sa première jeunesse et de son éducation. Première ébauche de son portrait. . . . . *Page* 8

Chap. III. Dans les premiers pas de sa carrière, l'ambition de Bonaparte est subordonnée à son caractère et celui-ci aux circonstances. Bonaparte au milieu de ses condisciples. Ascendant qu'obtient sur eux la supériorité de ses talens et la hauteur de son âme. Dès son début public à Toulon, il en donne des preuves incontestables. Poursuivi par une réaction injuste, il est oublié. 15

Chap. IV Méditations, rêveries et projets de Bonaparte. Ces illusions se dissipent, lors du mouvement révolutionnaire de Vendémiaire. Sa détermination forte et rapide assure le triomphe de la convention nationale ; c'était alors celui de la révolution, et conséquemment de la liberté. 23

Chap. V. Par calcul, autant que par opinion, Bonaparte jusqu'alors avait penché vers le parti de la révolution ; l'affaire du 13 Vendémiaire, dans laquelle il joue le rôle décisif, le force à se déclarer authentiquement pour elle : c'était, selon lui, se prononcer en faveur de la majorité. Outre un motif personnel, Bonaparte, dans cette circonstance, ne fait que céder au principe dominant de sa nature, qui *reconnaît toujours la raison* dans LE FAIT. Ce qui serait arrivé, si Bonaparte se fut déclaré contre la révolution. Motifs de son mariage. Caractère, portrait et influence de son épouse. Projet de la conquête d'Italie. Plans de Carnot et de Bonaparte. Décision du directoire exécutif. Bonaparte paraît pour la première fois, comme homme public et revêtu d'une autorité supérieure, sur le théâtre du monde. . . . . *Page* 26

CHAP. VI. Esquisse de la première campagne de Bonaparte et de la première conquête d'Italie. Situation politique de la France; ses rapports diplomatiques avec l'Europe : elle est en paix avec la Prusse et l'Espagne, dans une attitude menaçante avec les neutres, en hostilités ouvertes avec l'Autriche. Cette puissance, inquiétée sur le Rhin, se voit attaquée à outrance dans ses possessions italiennes. En quelques mois, Bonaparte les lui enlève. Aperçu de sa nouvelle tactique et des grandes manœuvres. Leur résultat militaire. Il amène les préliminaires de Léoben, bientôt suivis de la glorieuse paix de Campo-Formio. Par ce traité, l'indépendance de l'Italie est reconnue par l'Autriche, qui reçoit Venise à titre d'indemnité pour la Belgique, qu'elle est forcée de céder. La république cisalpine, formée de la réunion des républiques provisoires cispadanes et transpadanes. Révolutions démocratiques opérées en Suisse, à Gênes, à Genève, en Hollande. Part exercée sur ces révolutions par la politique du gouvernement français et par l'ascendant de son général. 32

CHAP. VII. Réflexions sommaires sur les premières

actions de Bonaparte et sur l'impulsion qu'elles viennent de donner à ses facultés. A mesure que les circonstances les développent, on y découvre de singuliers contrastes. Explication probable. *Page* 41.

Chap. VIII. Nullité apparente et incapacité réelle du Directoire exécutif : elles font ressortir la supériorité et l'influence de son général. Tableau sommaire et motifs du 18 Fructidor. Quelle fut la part que prit à cette journée le général Bonaparte. Elle n'était, selon lui, qu'une extension d'un Fait reconnu nécessaire, l'existence et l'établissement de la révolution. 44

Chap. IX. Séjour de Bonaparte à Paris, après sa campagne d'Italie et la paix qui la termina. Quelques anecdotes sur ce séjour. Mots caractéristiques prononcés par lui. Son âme véhémente qui se mêle à tout ; son humeur solitaire et méditative qui semble couver les événemens ; son caractère altier qui les détermine et les entraîne, donnent à l'opinion publique une violente impulsion de curiosité. Elle a deviné que l'homme dont elle s'occupe beaucoup a conçu un important projet : Quel est-il ? . . 51

Chap. X. Projet de l'expédition d'Egypte. Motifs qui la déterminent. Malte prise en passant, et nécessité de cette prise pour le succès de l'expédition. Colonisation : moyens et obstacles. 56

Chap. XI. Journée du 18 Brumaire. Considérations générales. Mouvemens intérieurs et extérieurs. Bonaparte en devient le centre, et bientôt après le mobile. Conseils donnés pour éviter cette journée. Un mot caractéristique sur Moreau. 65

LIVRE SECOND.

PREMIÈRE PÉRIODE DU CONSULAT.

CHAP. PREM. Changement que détermine dans Bonaparte le changement de sa position. Le Fait étant tout pour lui, c'est au Fait et à ses conséquences nécessaires qu'il réduit la Révolution de Brumaire. Coup-d'œil sommaire sur l'état actuel de la civilisation. Bonaparte veut substituer aux anciens ressorts des gouvernemens, des mobiles plus conformes au temps. Des vues qu'il conçoit et des moyens qu'il prépare pour les besoins de la France, sortira une vaste démocratie menée par une dictature. . . . *Page* 71.

CHAP. II. Après un retour rapide sur l'expédition d'Egypte, on explique les motifs du succès de la nouvelle révolution. Jusqu'alors les constitutions n'ayant pas eu de garanties, elles n'ont dû ni satisfaire l'opinion, ni durer. C'est au contraire sur des garanties que reposera la constitution qu'on prépare. Mais quelles sont ces garanties? elles sont au nombre de quatre : 1.º la Réforme dans la religion dominante; 2.º la division des grandes propriétés; 3.º l'extinction de toute noblesse féodale ; 4.º le changement de la dynastie régnante, ou, dans cette dynastie, la substitution du gouvernement constitutionnel à la doctrine du droit divin et de l'obéissance passive. . . . 79

CHAP. III. Sans approuver les violences de Brumaire, la nation applaudit à l'utilité de leurs conséquences, et surtout elle en profite. La constitution, préparée par de véritables hommes d'état, est présentée à la sanction du peuple, qui la vote à la presqu'unanimité. Analyse exacte de la constitution consulaire, dite de 1799. Remarques générales sur ses principales dispositions. Il résulte de cet examen et de ces courtes observations, que l'esprit du gouvernement tend évidemment à la centralité. C'était aussi la tendance générale, après une révolution qui avait dispersé, non-seulement les instrumens du pouvoir, mais les élémens de la société. Toutefois, il y a loin d'un ordre politique concentré, à l'usurpation de la souveraineté par un seul; et Bonaparte, quoiqu'*unitaire* et positif de caractère, continuait de paraître républicain d'opinion. . . . . . . *Page* 89

CHAP. IV. Différence essentielle entre la théorie politique qui constitue l'autorité, et la statistique pratique qui institue une nation : on écrit l'une dans un temps donné, l'autre se fait par le temps. Etat de la société, lors de l'organisation de la constitution de 1799. Elle était en décadence et presque en dissolution. Il fallait la réformer et, par un ordre méthodique, lui rendre la solidité. Trois classes doivent composer le corps des nations modernes : les *Terriens*, les *Industriels*, les *Lettrés*. Ces trois classes ont pour principe et pour terme la propriété, fond et gage de toute association. C'est donc en facilitant les moyens de production et de consommation dans ces trois classes, qu'on les introduira successivement, quoique temporairement, dans la nation propriétaire. Tel fut l'objet général du gouvernement consulaire; son chef le saisit d'abord et y tendit. Mais des factions contrariaient ses desseins. Plusieurs partis se pré-

tentent ou pour les réduire ou pour les employer. Il se décide à se les rendre utiles en les attachant à la révolution ; et pour les y attacher, il crée de nouveaux intérêts ; car les partis n'étant que des passions ransformées, il ne s'agit que de les assouvir.
. . . . *Page* 117

Chap. V. Esquisse des principaux faits qui remplissent la première période du consulat temporaire : émigration pardonnée, anarchistes déportés, administration organisée. Entre les diverses factions qui agitent la république, quel parti prendra le consul ? celui de la sagesse, en créant de nouveaux intérêts pour chaque faction, et en l'attachant ainsi à l'intérêt général. Il substitue aux administrations élevées, l'institution monarchique des préfectures ; crée la banque de France ; conclut, à la suite d'un concile national, et du rétablissement des cultes, un concordat ou les libertés gallicanes ne sont pas sacrifiées aux prétentions ultramontaines. On remarque, dans son gouvernement, plusieurs superfluités et plusieurs lacunes : c'est l'inconvénient de la simultanéité c'était aussi celui du caractère de Bonaparte. Malgré cet inconvénient, la puissance de la création, l'esprit de vie se font sentir partout. Hiérarchie, indépendance et inamovibilité des tribunaux rétablies. Institution d'un conseil des prises, d'une chambre des avoués, du notariat. Projet du code civil. Législation commerciale, rurale et forestière. Bourses, chambres et conseils de commerce. Administration du trésor. Cautionnement. Octrois municipaux. Régie de la poste aux lettres et des loteries. Recouvrement des contributions par douzièmes. Liquidation de la dette de l'Etat. Paiement des rentes et pensions. Création de la caisse d'amortissement. Organisation des douanes, des domaines et de l'enrégistrement. Erection d'un ministère du trésor. Restauration de la marine et des colonies. Réorganisation de l'instruction publique; de l'Institut, divisé en quatre classes; des différens Conservatoires des arts et de l'industrie. Restaurations littéraires. Travaux publics, embellissemens à Paris et dans les principales villes de France et d'Italie. Ports creusés, routes formées, montagnes rendues praticables. Secours publics et à domicile. Hospices, manufactures et prisons. On se plaint que le gouvernement administre, au lieu de gouverner : réponse à cette objection. Réorganisation de l'armée. Les observateurs redoutent qu'il ne transporte dans le civil les procédés militaires. Plaintes fondées sur la nouvelle formation du jury. Création d'un ministère de la police et mécontentement qu'elle excite. Réflexions générales sur les premiers projets de la réforme criminelle. Exemple tiré de la procédure en Angleterre et de l'application des lois pénales. . . . . *Page* 127

Chap. VI. Pourquoi les négociations avec l'Angleterre sont-elles refusées par M. Pitt. Avantages que Bonaparte tire de ce refus. Seconde campagne d'Italie. Armée de réserve. Passage du Mont-Saint-Bernard. Bataille de Marengo. Capitulation d'Alexandrie. Reddition de Gênes. L'Italie est restituée à la France. Situation politique de l'Europe. Le premier consul négocie avec autant d'habileté, qu'il a combattu avec énergie. Tout se dispose pour une pacification générale, que pourtant l'Angleterre se propose de troubler. . . . . *Page* 146

CHAP. VII. Attitude calme, quoiqu'encore armée, de la France. Etats des factions. La démocratie siége au tribunat. Mesure d'*élimination*. Institution de la Légion d'Honneur. Principes qui l'appuient : motifs qui la justifient. 159

CHAP. VIII. 1.º Expédition de Saint-Domingue. État de la colonie. Factions des *Hommes de Couleur*. Toussaint-Louverture et Leclerc.

2.º Elévation de l'Infant de Parme au nouveau trône d'Etrurie.

3º. Bonaparte nommé président de la république cisalpine. 171

CHAP. IX. Influence du ministère anglais sur les affaires du continent, et principalement sur celles de France. Explosion du 3 nivôse. Les deux partis en sont accusés : quel était le coupable? Influence de l'Angleterre sur les excès de la révolution. . . . 181

CHAP. X. Analyse du sénatus-consulte du 16 thermidor. Consulat à vie. Nouvelle organisation du gouvernement et des autorités de la république. Acheminement, par leur concentration, au rétablissement de la monarchie. 187

LIVRE TROISIÈME.

DEUXIÈME PÉRIODE DU CONSULAT.

CHAP. PREM. Dans un monologue fictif, Bonaparte développe son caractère et expose ses desseins. Pe récapitulation du passé, il trace le tableau rapide du présent et devance l'avenir. Etat des affaires considérées dans l'intérieur et dans leur action sur le dehors. On pressent que par l'irrévocabilité de ses vues, la fixité de ses institutions, la permanence de ses lois, Bonaparte veut donner à son gouvernement la stabilité qui doit amener la perpétuité. *Page* 197

CHAP. II. Traité d'Amiens, ou paix avec l'Angleterre. On remarque que le ministère, qui avait soutenu la guerre, n'est pas celui qui signa la paix. Mais M. Pitt, qui, dans cette occasion, cède la plume à lord Sydmouth, prédit que la paix n'est qu'une trève et *ne tiendra pas*. Accomplissement de cette prédiction. Commencement du Système continental. Mesures extra-constitutionnelles relatives aux émigrés. Législation de la Légion d'Honneur et police du sénat. Organisation de l'Institut. Projet du code civil. 211

CHAP. III. Examen de l'affaire du duc d'Enghien. Procès de Moreau, Georges et Pichegru. Y avait-il conspiration entre ces trois hommes? Leurs caractères et leur conduite. Ont-ils été jugés légalement? Vues sur la peine appliquée à Moreau. Doutes sur le suicide imputé à Pichegru. 224

LIVRE QUATRIÈME.

L'EMPIRE.

CHAP. I. Passage du gouvernement républicain au gouvernement monarchique. 237
CHAP. II. Sacre et couronnement. 241

Chap. III. Opposition du tribun Carnot, à la proposition des tribuns Curée et Carion-Nisas. *Page* 244

Chap. IV. Sénatus-consulte du 18 mai. 246

Chap. V. De cette proposition : « Le peuple français » veut l'hérédité dans la descendance directe, naturelle, légitime et adoptive de *Napoléon*, etc. » 257

Chap. VI. Position de Bonaparte en arrivant à la dignité impériale. Ce qu'il veut. 261

Chap. VII. Du choix des hommes qui doivent occuper les places. Des hommes qui occupèrent les grands emplois. Le sénat. Le conseil d'état. Les ministères. 265

Chap. VIII. Ce que désirait le peuple français lors de la création de l'empire. 277

Chap. IX. § 1.er Fondation de l'empire. 2. Constitutions de l'empire. 3. Cultes. 4. Administration générale. 5. Organisation judiciaire. 6. Législation civile. 7. Législation pénale. 8. Législation mêlée. Agriculture et forêts. Commerce. Finance et contributions. Armée de terre. Marine et colonies. Travaux et secours publics. Satistique littéraire. Institut. Université. Ecole normale. 288

FIN DE LA TABLE DU PREMIER VOLUME.